JN236438

はじめに
～教室にて 1～

「どうして今どきの受験生は簿記を一からやり直す、ということをしないの!? 受験なんて基礎を確実に押さえたら受かるんだから。落ちるヤツは基礎に何か見落としがあるってことがわかってないのよ！」

僕はビックリしてしまって言葉が出なかった。ここは受験専門学校が主催するセミナーの会場、僕は今年もまた公認会計士試験に落ちてしまったダメな受験生である。

「試験に限らずそうよ。『会計はムズカシイ〜〜』って挫折しちゃう一般の人たちだって、基礎をすっ飛ばしてラクしようとするから、結局はいつまでたってもモノにならないんじゃない！」

ドンドンと机を叩く彼女に、僕は恐る恐る声をかけた。
「あのう〜〜。怒るとかわいい顔が台無しですよ……」
「うるさいわねっ！」
「い、いえあの、このセミナーに僕以外の人が集まらなかったことを怒っていらっしゃるのでしたら、『ああ残念でした！ 一からやり直しましょうセミナー』というタイトルがいけなかったんじゃないかと……」

僕より明らかに年下、というか大学生くらいにしか見えない彼女

に敬語を使うのも変な感じがしたが、ダメ受験生の僕に対して彼女は現役の会計士サマなのだからしかたがない。
「じゃあ、あんたは何で来たのよ」
「僕はその…もう公認会計士を目指すのをやめようと思うんです。昨日の合格発表で色々と考えまして……。で、最後の記念にセミナーでも受けてみようかな〜、と」
「なっ…何なのよ!? あんた、なんて志の低いことを言うの？ あんたは会計が好きじゃないの!?」
「い、いえ、好きですよ。会計がわかれば企業の実情が見えてきますし、ビジネスマンとして高い評価も受けますし。それに数字が読めると格好いいですからね」
「そうよ。よくわかってるじゃない。あんたトロそうだけど、せっかく会計の利点がわかっているのに、基礎がないばっかりに試験に落ちちゃうんじゃもったいないわ」
「はあ…」
　まったく、顔に似合わずひどい毒舌である。どうして僕に基礎がないと決めつけるのだろう。
　だいたいにおいて、セミナーに人を集めたかったのなら、彼女の写真をあらかじめ公開しておけばよかったのだ。男どもがわんさか集まったに違いない。
「よしわかった！　乗りかかった船だわ。私のせっかくの初セミナーに聴衆が１人しかいないのは不満だけど、これからスペシャルな講義を開始してあげる！」
　彼女は教卓に両手をついてガランとした教室を眺め回すと、スウッと息を吸ってにっこりと笑った。

「えー、みなさん。私がこれから会計の習得になくてはならない基礎のお話をするわ。目標は会計の基礎であり本質でもある『簿記』を知ることよ。簿記を知れば、挫折してあきらめようなんてバカな考えを起こす人はいなくなるわよ。それでは、『一からやり直しましょうセミナー』の始まり、始まり〜」

もはや誰に対して言っているのかわからないが、彼女の華麗なウインクとともに、こうして講義は始まった——。

経理・会計・簿記の違い

　会計という言葉を聞いて、あなたは次のうちどんな言葉を連想する？

　① **決算書**
　② **経理**
　③ **仕訳**

　① **決算書**と答えるのは、やっぱり社会人が多いのかな。
　自分の会社の決算書に興味がある人や、株式投資をするために決算書が必要な人もいるんでしょうね。
　② **経理**と答えるのは、実際に経理業務をしている人が多いのかなぁ。
　会計のことは経理部に全部お任せ、という会社も多いんじゃない。社内で会計に詳しい人は経理部にしかいない、という会社もあるわよね。
　③ **仕訳**と答えるのは、マニアックな人よねー。
　会計や簿記を勉強している学生や、公認会計士や税理士を目指している受験生かしら。

　これは三択のうちどれかが正解、という話じゃないのよ。
　どれもが正解ね。
　それぞれの単語の関係を図で説明すると右のようになるわ。

経理
会計
決算書
簿記
仕訳

「経理」という仕事には、資金・手形の管理や社会保険の計算などもあるけど、その中の1つに「会計」という業務があるわ。

　その「会計」業務とは何かというと、最終的には「決算書」を作ることなの。

　そして「決算書」はどうやって作られるかというと、「簿記」という技術を使うの。

　その「簿記」の技術には何が必要かというと、「仕訳」という素材が必要になるのよねー。

　「仕訳」という素材をもとに、「簿記」の技術を使って「決算書」を作るのが「会計」業務であり、それを実行するのが「経理」担当者なの。

会計の本質は「仕訳」

　「仕訳」という素材———これが「会計」を構築するすべてのモノの根本で、「会計」の本質そのものよ。

　だから、会計の学校ではまず最初に「仕訳」について学ぶわ。

　でも、厄介なことに「仕訳」というものはちょっと難解なの。

　習ったり、本を読んだくらいじゃ、知識として知ることはできても、本当に理解するまでにはなかなか至らないのよね。

　会計に慣れている人でも、その本質を習わないまま何となく続けている人も多いし。

　これが「会計」の勉強で、挫折者がとても多い理由ね。

　理解することがむずかしい「仕訳」を、簡単に教えることは残念

だけどできないわ。

でもね、「仕訳」をより単純化してみんなに伝えることは可能よ。

まず、「仕訳」の最大の特徴はこれよ。

「仕訳」とは、1つの出来事について2つの情報を記録すること。

たとえば、『100円を借りた』という出来事ならば「100円を手に入れた」「お金を貸してくれた」という2つの情報にして記録するの。

これを図で示すとこうよ。

それでは『100円で商品を売った』という出来事だったらどう？

「100円を手に入れる」と「商品を売った」の2つの情報を記録するの。

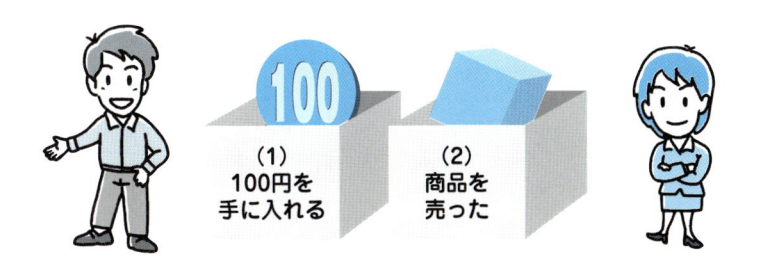

	(1) 100円を手に入れる	(2) 商品を売った

それじゃ、『100円で機械を買った』という出来事だったらどう？

「機械を手に入れた」と「100円を払った」という2つの情報を記録するのよ。

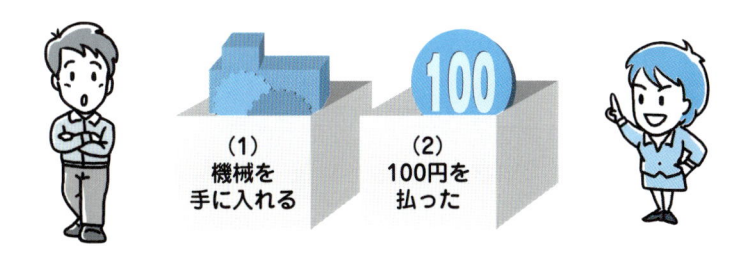

	(1) 機械を手に入れる	(2) 100円を払った

　この3つの例題では「手に入れた」側を左の箱に集めたんだけど、仕訳では左の箱は 自分 に関すること、右の箱は 他人 に関することを書くの。

　だから左に 自分 が手に入れたもの、右に 他人 に渡したものを書いたというわけ。これが一番大事なルールだから覚えておいてね。

「仕訳」では、左の箱は 自分 に関すること、右の箱は 他人 に関することを書く。

「仕訳」が"最高の芸術"と言われる理由

　人類史上最高の教養人とも言われるドイツの文豪ゲーテは、「**簿記は最高の芸術である**」と記したらしいわ。

　ゲーテはとっても合理的な考えの持ち主だったから、きっと簿記という合理的な仕組みのレベルの高さに驚いて、最高の褒め言葉をくれたんでしょうね。

　今でも会計業界にいる人の多くは、簿記の仕組みを「よくできてるなぁ〜」と感心しながら仕事をしているのよ。

　たまに、感動するときだってあるんだから。

　ここで気をつけてほしいのは、誰も「決算書」を見て感動しているわけではない点よ。

　簿記の仕組み、つまり「仕訳」に対して感動しているの。

　「仕訳」の特徴は、『1つの出来事について2つの情報を記録する』ということだけ。

　たったそれだけのことで、「仕訳」が"最高の芸術"とまで言わ

れちゃう理由ってわかる？

　説明すると、『1つの出来事について2つの情報を記録する』って、情報が2倍になっているってことなの。
　たとえば5つの出来事があって、それを普通に記録すれば情報量は"5"じゃない。
　でも、5つの出来事を情報が2倍になる「仕訳」を使って記録したら、

2 × 2 × 2 × 2 × 2 ＝ 32

　情報量は"32"にもなるのよ。

　だから、帳簿や決算書には全部素材として「仕訳」が使われているの。
　「仕訳」で作られた帳簿や決算書の完成度の高さは、それ以外で作った場合とはダントツに違うからね。

　単純な仕組みから、とっても多様なモノを作り出す。
　———これが、「仕訳」が"最高の芸術"とまで言われる理由よ。

「ねぇ、どうだった、私のセミナー！」

突然、彼女は僕に問いかけた。

「い、いや、どうだったって言われても……とってもかわいかったです」

「そうじゃなくて！　どう、良かった？」

「いや、そこまでは……"へぇ～"という感じでしょうか。情報が爆発的に増えても、それが何なんです？　"最高の芸術"はいいですけど、仕訳を使うことによってどんな利点があるんです？　その辺りが見えてこないと、なかなかわからないんですけど」

「……あんた意外とツッコミが厳しいのね」

「そんなことはいいですから教えてください」

「わかったわ。じゃあ、とりあえずあんたはこれを読みなさい」

彼女は１冊の古びた本を取り出した。

「この本は、私が会計の勉強を始める前におばあちゃんから読んでもらった物語よ」

「物語!?」

「なに、不満なの?」

「そうじゃなくて、今さら物語を読めって言われても……」

「この物語はやり直しにも最適よ。今でも使われている簿記の仕組みが発明された500年前のイタリアのお話で――」

「……やり直したいなんて、一言も言ってないんですけど」

「――少年やお姫様が出てきて大活躍する奇跡の物語なのよ」

「何ですか、それは!?」

「まあ、つべこべ言わず読みなさい。後で読書感想文も書いてもらうからね」

そう言って彼女から押しつけられた本を、僕はまじまじと見た。

かなりのためらいを感じたが、彼女にギロリとにらみつけられて、僕はしぶしぶページをめくった――。

本書の使い方

本書は"物語"と"課外授業"で構成されています。"物語"では簿記・経理の基礎を、"課外授業"では簿記・経理の応用を解説しています。

2回目に読むときには、電卓を片手に、数字を打ち込みながら読んでいただくことをお勧めいたします。

Contents

<女子大生会計士の事件簿>
世界一感動する会計の本です
【簿記・経理入門】

はじめに　～教室にて 1～……1

経理・会計・簿記の違い………4

会計の本質は「仕訳」………5

「仕訳」が"最高の芸術"と言われる理由………8

Contents

たまごの国の物語………15

はじまりの用語集………16

第1話　たまごの国と2人の少年
　　　　　〜複式簿記の話〜………18

第2話　たまごの国の天才少年
　　　　　〜等価交換の原則〜………39

第3話　たまごの国から大航海
　　　　　〜商品が複数の場合〜………52

第4話　たまごの国の夢の1日（前編）
　　　　　〜元帳と試算表〜………67

第5話　たまごの国の夢の1日（後編）
　　　　　〜決算書の話〜………83

エピローグ………114

物語のおわりに　〜教室にて 2 〜………118

簿記の基本の4つのパターン

1「○○で現金を手に入れる」………121

2「○○を現金で支払う」………122

3「○○を現金で買う」………124

4「○○を現金で売る」………125

Contents

課外授業

1 信用取引って？………128

2 「引当て」という日本語………133

3 減価償却費って？………136

4 負債と資本はどうして同じ『貸方』なの？………139

5 減価償却費の自己金融効果………142

6 萌さん、経理の未来を語る………146

おわりに　～教室にて 3 ～………**149**

あとがき………151

一目でわかるエッセンス44………154

巻末資料「見開き！　科目一覧」………162

INDEX………166

the staff
カバーデザイン：齋藤稔
本文イラスト：鈴木真紀夫
本文DTP：ムーブ（新ヶ江布美子）

たまごの国の物語

はじまりの用語集

経理

帳簿を書いたり（＝会計業務）、資金を管理したり（＝財務業務）する仕事。

会計

会社の状態をすべて金額で表現する制度。

決算書

会社の財務がわかる書類。「財務諸表」ともいう。「貸借対照表」や「損益計算書」「キャッシュフロー計算書」などのことを指す。この「決算書」の監査を行なうのが、公認会計士の仕事である。

簿記

「帳簿記入」の略。帳簿の記入から財務諸表を作り上げるまでの技術。会社で使われているのは簿記の中でも複式簿記。複式簿記は14世紀のイタリアで発生したという説が有力。

仕訳（しわけ）

「簿記」のモトとなる帳簿記入の素材。すべての取引を「借方」と「貸方」の二面性で表現する。使い方：「仕訳を書く」「仕訳をきる」

取引

会社のお金に関することに動きが起こったこと。"商品の売買"や"金銭の貸し借り"など。"契約の獲得"だけではお金に直接関係ないため、会計でいう「取引」には当たらない。

勘定科目（かんじょうかもく）

取引の内容別に分類する会計上の名前。全部で500科目ほどある。「○○勘定」という言い方もする。例：「現金勘定」「商品勘定」「借入金勘定」「資本金勘定」「交際費勘定」「売上勘定」

第1話
たまごの国と2人の少年
～複式簿記の話～

1

　ヨーロッパで一番美しい街。

　街はあわただしく行き交う商人、着飾った貴婦人たちであふれている。

　華やかな宮殿、槍のようにそびえ立つ塔、荘厳な大聖堂、スミレ色の丘陵、賑わう街並み。

　そして、いたるところで目につく卵、たまご、タマゴ。

　生卵を売る店、ゆで卵を売る店、卵ジュースを売る店、オムレツ屋さん、卵焼きの屋台、卵麺のパスタ、かわいい卵人形を売る店、卵を次々と飲み込む大道芸などなど。

　———主イエス=キリストが生きていた時代から1500年後。

　ヨーロッパ中が新しい時代への活気に満ちている。

　その中でも、ここ"たまごの国　エッグランド"は特

に活気にあふれていた。
　エッグランドはヨーロッパ随一の都市フィレンツェの隣にある小さな国家だが、世界中から面白い人やモノが集まっていることで有名だった。
　なぜなら、この国は世界一の大商人ロレンツォ=デ=メディチが治めており、戦争もなく、芸術や文化がとても大切にされているからである。
　その結果、世界中から人々が集まり、みんな人生を謳歌していた。
　エッグランドは今、世界一、平和と繁栄が約束された国であった———。

　僕とレオンくんは、このエッグランドに来たのは初めてだった。

「なあ、ルカ。この街は賑やかだよなぁ、俺の村とはケタが違うぜ」
「僕の町と比べても随分と賑やかだよ。なんか空気から違う気がするね」
　僕の住んでいたのも小さな田舎町だったので、こんな都会に来ただけで舞い上がってしまいそうだ。

　僕たちは旅の途中で出会った。
　僕は両親が死んだ後、遺産を整理して、世界一の数学者になるために、ヨーロッパ中の大学や図書館を回る旅をしていた。
　そんなときに出会ったのが、同じく両親がいないレオンくんだ。
　一緒に旅するようになってからもう半年もたつが、実はいまだにレオンくんのことがよくわからない。
　最初に図書館で出会ったときは学生かと思ったけど、どうもそうではないらしい。勉強をしているかと思えば、何やらよくわからない絵を描いているときもあるし、ずっと鳥を見ているときもある。
　いったい、何者なのだろうか？

　そんなレオンくんとエッグランドに来ることになったのは、フィレンツェから少し離れたところにある古城にさしかかったときに起きた事件のせいだ。
「次はどこに行こうか、ルカ。フランスのパリ、ポルトガルのリスボン、神聖ローマ帝国のプラハ、オスマン＝トルコのイスタンブールもいいかもな」
　レオンくんが上機嫌に世界の都市の名を次々と挙げている。

僕は思わずため息をついた。
「ふーっ。あのねー、旅の資金はもう底を尽きそうなんだよ。何とかしないと、もう旅なんてできないよ」
「えっ、マジ!?」
「もう！　だから、ずっと前からお金がないって言ってるじゃない」
「そうか、お金がなかったのか。うーん、何かお金を手に入れる方法はねえかなー」
レオンくんがそんなことを言ったときだ。

　　ヒュ———ッ　　グシャ!!

どこからともなく飛んできたモノが、レオンくんの頭に当たって割れた。
「な、なんだぁ、コリャ!?　ドロドロしてるぞ」
レオンくんが頭にぶつかったモノを手で確かめようと

した。
「それは卵だね。生卵が空から降ってきて、レオンくんの頭に命中したんだよ」
「オイ！　何で俺が生卵をぶつけられなきゃならねえんだよ」
　そのとき、古城の上のほうから若い女性の声がした。
「あーっ!?　ごめんねー。そこの坊やたち、もしかして当たっちゃった？」
　バルコニーにいる女性が声を張り上げている。
「当たったも何もないぜ、姉ちゃん！　ここまで降りてきて謝れ！」
「本当にごめんねー。でも、私このお城から出られないのー」
　お姉さんは自分が外に出られない代わりに、僕らをお城の中へと誘ってくれた。

　お城の中は古いながらも、きれいなたたずまいだった。
　執事の人に応接室に通された僕らは、そこでクラリーチェと名乗るお姉さんと面会した。改めて近くで見ると、ものすごく美人だ。
「ごめんねー。悪気はないのよ、ちょっと練習をしていただけなのー」
「何の練習なんですか、いったい……」
　僕は思わずつぶやいた。
「内緒よ。な・い・しょ！　そんなことよりも、君たちは何でこんなところを歩いていたの？」
「僕とレオンくんはずっと旅をしているんです。行くあてとかは別にないんですけど……」
「ふーん。でも、エッグランドには寄るんでしょ」

「エッグランド？」
「えーっ、知らないの？　世界一繁栄している通称"たまごの国"よ。商人や旅人、芸術家、冒険家たちがいっぱい集まっているというじゃない」
「あっ、そういえば僕のおばさんもエッグランドで店を開いてます。とっても賑やかな街だと言ってました」
「そうでしょう。私も元気だったら一度は行ってみたいわ〜」
「これだけ元気なんですから行けばいいじゃないですか。すぐ近くなんでしょう？」
クラリーチェさんは一瞬暗い顔をしたが、すぐに明るい笑顔を取り戻した。
「あのね、私ってこう見えても子供の頃から病気で、外に出ることができないの。"深窓の令嬢"って感じ？」
そう言われてみると、クラリーチェさんはものすごく色が白い。
「深窓の令嬢は、人の頭に卵なんかぶつけねーよ」
レオンくんが憮然と言った。
「昔のことは早く水に流してよー。それで、次はどこの街に行くの？」
「それが旅の資金がなくなって、旅どころじゃなくなっちゃって……」
僕は力なく言った。
すると、クラリーチェさんはしばらく考え込んだ後、突然大声を上げた。
「───そうだ！　だったら、エッグランドに行って商売を始めてみたら？」
「えっ、商売ですか!?」
あまりの唐突さに僕は驚いた。

「そうよ。だってエッグランドは世界中のモノや人が集まる街なのよ。人がたくさん集まる場所なら、きっと商売もうまくいくと思うんだけどなー」

　僕は自分が商売をすることなど一度も考えたことがなかったので、即座に断ろうと思った。ところが、レオンくんが意外な反応をした。

「それ、面白そうじゃん。どうせ金がないのをなんとかしないとだめだったんだし、何か愉快なことが起きねぇかなぁ、と思っていたところだったんだ。自分たちで商売をするか———いろんな発明を思いつきそうだぜ」

「そう！　嬉しいわー。じゃあ、卵をぶつけたお詫びにいいことを教えてあげる！」

　クラリーチェさんはレオンくんの耳元に口を近づけた。

「ごにょ、ごにょ———わかった？　この人を頼りにすればきっとうまくいくわ」

「ああ。ありがとな、姉ちゃん。俺たちがエッグランドで商売を始めたら、必ず買いに来いよ」

「わかったわ。ルカくんはまだ乗り気じゃないようだけど、頑張ってね」

「は、はい！」

　僕は慌てて返事をした。

「ルカ。お前、姉ちゃんに見とれていただろう」

「そ、そんなことないよ……」

「まあいいさ。さあ、これからが楽しみになってきたぜ！」

こうして、僕らはエッグランドの地に導かれて来たのである。

2

僕たちはエッグランドに入ると、とりあえず宿屋を取り、そこからそれぞれ分かれて出資者を探すことにした。

出資者とはお金を出してくれる人のことで、お金がない僕らは出資者がいなければ、とてもじゃないけどお店なんて開くことができない。

「ルカ。それじゃ、夕方になったらこの宿屋で落ち合おうぜ」

レオンくんはそう言うと、荷袋を背負ってさっさと出かけてしまった。

僕も簡単な荷造りをした後、エッグランドの商店街へと出かけた。

初めての国に突然来て、そこで出資者を探すなんて普通は無理な話である。

でも、僕には１人だけ知り合いがいた。

コトルーリおばさんだ。

コトルーリおばさんは、エッグランドでも有名な卵料理の達人で自分のお店も持っていた。

コトルーリおばさんのお店、たまご料理専門店『たまごルネッサンス』は、エッグランド大聖堂へと続く大通

りの中ほどにあった。噴水広場に面している人通りの多い場所だ。

 しかし着いてみると、もう昼食時も過ぎていたので、店の前には準備中の札がかかっていた。

 僕が店内に入るかどうか躊躇していると、後ろからポンと肩を叩かれた。

「おや、ルカちゃんじゃない」

「あっ。お久しぶりです、コトルーリおばさん！」

 振り向くと、そこには昔と変わらないコトルーリおばさんの笑顔があった。

「大きくなったわねぇ。私の店をわざわざ訪ねてきてくれたのかい、嬉しいね」

 おばさんに案内されて店の中へ入ると、僕はこれまでのいきさつを話した。

「そうかい、お店を開きたいのかい。商売は若いうちから経験しておくほうがいいから、その決意は立派だね。私も協力させてもらうよ」

「本当ですか！　ありがとうございます」

「お礼なんていいよ。とりあえず、お店を出すための場所を貸してあげましょうかね」

 そう言うと僕を店の外へと導き、店のすぐ横にある倉庫の前まで連れていった。

「この倉庫をちょっと改装すれば店舗に使えるよ。ここを坊やたちの店にしてもいいからね」

「えっ、いいんですか？　この倉庫は今も使っているんじゃないんですか？」

「いいんだよ、いいんだよ。ここはめんどりを飼っていた倉庫なんだけど、最近は自分で飼うよりも買ってくるほうが安いから、卵を郊外から仕入れるようにしたん

だよ。そこで、ちょうど『この倉庫をどうしたものかねぇ』と思っていたところなのよ」

「本当にありがとうございます！　レオンくんもきっと喜びます」

僕がお辞儀をすると、チャリンという音が聞こえた。

「そうそう。坊やたち、お金もないんでしょう。ちょっとくらいなら私も出資者になってあげるわよ。フローリン金貨100枚でいいかい？」

金貨100枚、つまり100フローリンといえば、小さな商店を開くには十分な金額である。

「ありがとうございます。本当にすいません」

「別に気にすることなんてないのよ。坊やたちが儲かったら、分け前をちゃんともらうんだからね」

出資者にお金を出してもらってお店を開く場合、儲かった分のいくらかを**配当金**（はいとうきん）という形で出資者に支払わなければならない。

出資者はその儲けを期待して、新しい商売にお金を出し、その商売が成功すれば最初に出資した金額以上の儲けが出るし、失敗すれば出資したお金は水の泡と消えてしまうのである。

はっきり言って賭け事みたいなものなんだけど、これは**投資**（とうし）と呼ばれている立派な経済的行為なのである。

> 簿記・経理知識① **会社は出資者がお金を出すことから始まる。**

エッグランド大聖堂が夕焼けに染まっている。

僕がいい気分で宿屋に帰ってみると、まだレオンくんは戻っていなかった。

しばらく待っていると、ドタバタと人の足音が聞こえてきた。
「ルカ、ルカ、戻ってるか！」
　大声で僕を呼びながら、レオンくんがドアを叩いている。
「うん、いま開けるね」
　ドアを開けると、そこには興奮したレオンくんと、それとはまったく逆の冷淡な表情をした長身の若者の姿があった。
「ルカ、この人が俺たちにお金を貸してくれることになった、ロレンツォ゠デ゠メディチ兄ちゃんだ」
　──ロレンツォ゠デ゠メディチ!?
　ロレンツォ゠デ゠メディチって、メディチ家の当主でフィレンツェやエッグランドの支配者じゃない。
　レオンくん、いったい何をしたの!?

3

 どうやらクラリーチェさんが紹介したのは、このロレンツォさんだったらしい。レオンくんはロレンツォさんのことはもちろん、ここエッグランドを支配するメディチ家のことも知らなかったらしいけど……。

 レオンくんがロレンツォさんの宮殿に乗り込んで交渉した結果、ロレンツォさんが次のように言ったそうだ。

「よしわかった、私も出資者になろう。出資金は100フローリンだ。それから、お前の言う計画だともっと金がかかるだろう。出資金に加えて800フローリンを貸そう。ただし、2つ条件がある。それは———」

 ということで、その条件の1つを果たすためにロレンツォさん自身がわざわざ僕に会いに来たらしいのだ。

> 簿記・経理知識 ② 会社を作るとき、お金を貸してもらうこともある。

「ルカ君、私が出資およびお金を貸し出す条件の1つとして、君に正確な帳簿を作ってもらいたいのだ」
「"ちょうぼ"ですか?」
「そうだ。より正しく言うと**複式簿記**にもとづいた帳簿を作り、損益計算書と貸借対照表を私に提出してもらいたい。私が出資する代わりに報告(注)をきちんとしてもらいたいのだ」

「ええっと、僕、『複式簿記』なんて聞いたこともないし、帳簿なんてものも作ったこともないんですけど……」
 そのとき、レオンくんが僕に耳打ちをした。

(注)"報告"は英語でaccount。これから派生して"会計"のことをaccountingといいます。

「ルカ、『複式簿記』なんて簡単なんだから、俺が教えてやるって」
「えっ、レオンくん知ってるの!? じゃあ、レオンくんがすればいいじゃない」
「俺は俺なりに忙しいんだよ。こういうのはルカのほうが絶対向いてるって。やれよ、なっ」
レオンくんは僕をヒジでつついた。
「どうするかね、ルカ君」
ロレンツォさんが再び回答をせまった。
「……わかりました。これから一生懸命『複式簿記』を勉強するんで、僕たちにお金を貸してください。よろしくお願いします」
僕はロレンツォさんに頭を下げた。ロレンツォさんはじっと僕を見ている。
「わかった。いいだろう。複式簿記ができる人間はまだ世界でも数少ないが、頑張ってくれたまえ。とりあえず明日の朝、使いの者に金貨を届けさせよう。また2週間後、君たちの様子を見に来るから、そのときまでに複式簿記をマスターしておきたまえ」
ロレンツォさんはそう言うと、僕らの部屋から出て行った。
あれっ!? ロレンツォさんは「出資の条件は2つ」って言ってたけど、1つが『複式簿記』だとすると、もう1つは何なんだろう?

夕食は、もちろんコトルーリおばさんのお店に卵料理を食べに行った。
今日はふわふわのプレーンオムレツを出してくれた。
複式簿記なんて言われたけど、どうしよう……と思い

ながら食べていると、レオンくんが口の中を卵でいっぱいにしながら話しかけてきた。
「ルカ。結局お前、出資者は見つかったか？」
「うん。一応、コトルーリおばさんが100フローリン出してくれるって。あと、店舗も貸してくれることになったよ」
「そっか、店舗も貸してもらえるのか。それはありがたい。それじゃあ、明日はさっそく改装工事だな。改装が終わったら、ついに俺たち『レオルカ商会』の開店だ！」
レオンくんはニコニコしながらプレーンオムレツをほおばっていた。

4

朝になるとロレンツォさんの使者が、僕らに出資金100フローリンと、貸してくれたお金800フローリンを持ってきてくれた。
僕らは荷物をまとめて宿屋を出て、エッグランドの大通りへと向かった。
目的地はもちろん、僕らの新しいお店『レオルカ商会』だ。
コトルーリおばさんのお店の横の倉庫に来ると、なぜかすでに改装工事が始まっていた。
「ルカちゃん、おはよう。レオンくん、おはよう」
声をかけてくれたのは、改装工事を見守っていたコトルーリおばさんだ。
「おはようございます、コトルーリおばさん」

レオンくんもぺこっと頭を下げた。
「それにしても、コトルーリおばさん。この工事って……」
　僕らは、自分たちで改装をするつもりだったので、費用のことが心配になった。
「いいんだよ、この改装費用くらいは私が持つわよ。私からの開店祝いってことでね———」

　改装工事は丸１日ほどで終わるらしい。
　というわけで、僕はこの間に『複式簿記』を教えてもらうことにした。
「それにしても、何で『複式簿記』という最新の技術をレオンくんが知ってるの？　まだ知っている人間は数少ない、ってロレンツォさんも言っていたのに」
「別に大したことじゃないぜ。フランスかどこかを旅したとき、一緒になった商人から『複式簿記』について聞いたことがあったのさ。『複式簿記』なんてものは仕組みさえわかれば後は簡単なんだから、苦労するのは最初だけ。数時間もあれば誰でもできるようになるぜ」
「本当に？」
「ああ、本当だ。まあ、『複式簿記』はこれまでの簿記よりも数段レベルは高いけどな」
　レベルが高いと聞いて僕は不安を感じた。
　レオンくんは、そんな僕の様子を見て笑顔で言ってくれた。

「そんなに心配しなくても大丈夫だぜ。それに『**複式簿記**』**はとても不思議で面白い世界**だからな。まあ、期待しておきな」

不思議で面白い簿記の世界って、いったいどういうことなんだろう？

5

宿屋に戻ると、さっそくレオンくんによる『複式簿記』の授業が始まった。

まず、習ったことは、

① **簿記というのはピラミッドの時代からあり、王様の財産の管理をするために板や紙に記録したものであった。**
② **その後、商人たちもお金の増加と減少を記録するようになった。**
③ **しかし、それらは『単式簿記』でしかない。**

ということであった。

「レオンくん、その『単式簿記』と『複式簿記』の違いって何なの？」
「ルカ、おまえは毎日、現金の記録をちゃんとつけているだろう？」
「うん。お金の管理はちゃんとしておこうと、現金帳は作ったんだ」
「それじゃ、ちょっとそれを見せてくれよ」
僕は荷袋から現金帳を取り出した。

4月1日	昨日までの残り	26フローリン
	パンとミルク代	2フローリン
	宿屋代	4フローリン
4月2日	昨日までの残り	20フローリン
	パンとミルク代	2フローリン

「この現金帳は『単式簿記』だな」

 レオンくんは僕の現金帳をパラパラとめくりながら言った。

「……ごめんなさい」

「いや、謝ることじゃないぜ。家計簿レベルならこの程度で十分だし、以前の簿記もこのレベルだ。しかしな、最新の技術である『複式簿記』ではもう一段レベルが高くなって、一度に２つの情報を記録することができるんだ」

「一度に２つの情報？」

「そう、それが『複式簿記』だ。それじゃさっそく、今日の取引を帳簿に書いてみようぜ」

「レオンくん、今日の取引なんてあったっけ？」

「ふーん、じゃあこの100フローリンはいらないのか」

 レオンくんはコトルーリおばさんからさっきもらった金貨の入った袋を、僕の目の前に置いた。

「あっ、出資金か。ロレンツォさんからも今日、出資金100フローリンと貸してくれた800フローリンが送られてきたよね。っていうことは、全部で1000フローリンもらったことが今日の取引なんだね」

 さっそく、僕は**帳簿**と呼ばれる商売用のノートに、この取引を書いてみることにした。

> **簿記・経理知識 ③** "帳簿" とは、商売用のノートのこと。

**4月2日　コトルーリおばさんと
　　　　　　ロレンツォさんからお金をもらう　　1000フローリン**

「バカ！ 『複式簿記』にするためには、一度に２つの情報を書くって言ったろう。誰がお金を貸したか、誰がお金を借りたかという２つのことを書くんだ」
　レオンくんは次のように帳簿を書き直してくれた。

4月2日	借りた人	貸した人
	レオルカ商会　1000	ロレンツォ、コトルーリ　1000

（単位：フローリン）

> **簿記・経理知識 ④** "帳簿" には、《借りた人》《貸した人》の両方を書く。

「商売を始めたら毎日膨大な量の取引を帳簿に書かなきゃならないから、通貨の単位は省略したほうがいいな。その他、何か質問はないか？」
　「あの、レオンくん。《借りた人》レオルカ商会っていうのは当たり前じゃないのかなぁ？　だって、この帳簿はレオルカ商会の帳簿なんだし」
　「じゃあ、こう書き直そうか」

4月2日	借りた人（レオルカ商会）	貸した人
	現金　1000	ロレンツォ、 コトルーリ　1000

(単位：フローリン)

　これを見て、僕は《貸した人》のほうがちょっと気になった。
「《貸した人》のほうは、コトルーリおばさんが100フローリンでロレンツォさんが900フローリンだから、分けたほうがいいんじゃない？」
「そうか。まあお前がそう言うなら、分けてみるか」

4月2日	借りた人	貸した人
	現金　1000	ロレンツォ　900 コトルーリ　100

(単位：フローリン)

「ルカ、これでいいか？」
「ええっと、ロレンツォさんの場合、出資金が100フローリン、貸してくれたお金が800フローリンだから、それも別々に書いたほうがいいと思うんだけど……」
「それじゃ、こうか？」

4月2日	借りた人	貸した人	
	現金　1000	ロレンツォの貸した金	800
		ロレンツォの出資金	100
		コトルーリの出資金	100

(単位：フローリン)

「ルカ。今回の場合、出資者は2人だから名前をちゃんと書けるが、出資者が10人も100人もいる場合はどうすればいいと思う？」

「ええっと……」

「誰々の出資金って書くのは面倒だから、出資者のお金をまとめて**資本金**って書くんだ。借りたお金のほうは**借入金**と書くんだ」

4月2日	借りた人《借方》	貸した人《貸方》	
	現金　1000	借入金	800
		資本金	200

(単位：フローリン)

> 簿記・経理知識 ⑤　《借りた人》も《貸した人》も、実際のモノの名前を書く。

> 簿記・経理知識 ⑥　出資してくれたお金は『資本金』、借りたお金は『借入金』。

「今日のところは、とりあえずこれで完成だ。最後に、借りた人のほうのことを**借方**、貸した人のほうのことを**貸方**って言うから覚えておけよ」

「えーっ。ちょっとややこしくて覚えにくいよー」

「ちぇっ、仕方ねぇなあ。じゃあ、借りた人のことは 🧍自分 、貸した人のことは 👥他人 ってことにしておこう」

「うん、それならいいよ。🧍自分 と 👥他人 ね」

「こうやって 🧍自分 と 👥他人 の２つの情報を書くことをジャーナル・エントリー、仕訳って言うんだ。まあ、情報入力って意味だな」

> 簿記・経理知識 ⑦　簿記の情報入力のことをジャーナル・エントリー＝『仕訳』と呼ぶ。

　どうやら『複式簿記』というのは、たとえば「現金をもらった」という１つの取引について、自分と他人の２つの情報を書くのが特徴らしい。

　たしかに、僕らが現金をもらった（借りた）ということは、逆に言うとロレンツォさんやコトルーリおばさんがお金をくれた（貸した）ということになる。

　明日から商売が始まる。大丈夫かなぁ。

　でもうまくいったら、すぐにでもクラリーチェさんに報告に行こう。

　あれっ？　ちょっと待てよ、いったい僕らは何を売るんだろう？

　よく考えたら、それすら聞いていなかった。

　レオンくん、ちゃんと考えてくれているのかなぁ……。

第2話
たまごの国の天才少年
〜等価交換の原則〜

1

「ルカ。おい、ルカ。起きろよ、起きろってば！」

一番鶏が鳴く前だというのに、レオンくんに叩き起こされた。

「……むにゃ、むにゃ」

「だから起きろってば」

「レオンくん、まだ外は真っ暗だよ。こんなに早く起きてどうするの？」

「今から、商品を仕入れに行くぞ。早く出かける支度(したく)をしろよ」

「……商品の仕入れ？ いったい何を仕入れるの？」

「卵だよ、タ・マ・ゴ。今から郊外の養鶏場まで行って、卵を仕入れてくるぞ！」

その言葉に、僕はベッドから飛び起きた。

「レオンくん！ ここは"たまごの国"だよ。わざわざ卵なんて僕らが売ってどうするの。もう多くの商人が

いろんな種類の卵を売ってるんだよ」
　僕は必死で言ったのに、レオンくんは笑ったままだった。
「甘いな、ルカ。商売の基本は『みんながほしいものを売る』だろう。この国に来た人が一番ほしいものは、やっぱり卵じゃないのか。———それに競争相手が多い場合、後はアイデア勝負なんだぜ」

　僕らは郊外にある養鶏場に行き、10個の卵を仕入れることに成功した。1個1フローリンだから、全部で10フローリンだ。
「レオンくん……。10個も買ったけど、僕らに売り切ることなんてできるのかなぁ……」
　僕らのお店へ向かいながら、不安を感じてつぶやいた。
「心配するなよ。まあ、何とかなるんじゃないか」
「何だか、他人事のように聞こえるんだけど」
「そうじゃないさ。ただ、売るアイデアがいまいち浮かんでこないんだよなぁ。そうそう、卵を仕入れたこともしっかりと帳簿につけとけよ」
「えっ、もう帳簿をつけるの？」
「当たり前だ。取引が行なわれるたびに仕訳を帳簿に書くのが『複式簿記』の基本だぞ」

> **簿記・経理知識 8**　取引が行なわれるたびに「仕訳」を帳簿に書く。

　店も用意した。
　商品も仕入れた。
　いよいよ、僕らのお店の開店である。

でもその前に、この卵の仕入れのことを帳簿に書くことにした。

4月3日　　　　商品『卵』10個、仕入れに10フローリン払った。

「ルカ、それじゃあ『複式簿記』にならないぜ」

レオンくんが、僕の帳簿を覗き込んでいた。

「昨日、言っただろ。1つの取引について2つの情報を載せるのが『複式簿記』だって。商品を仕入れるのに10フローリンかかったということを、2つに分けて考えるとどうなる？」

僕は少し考えた。

「ええっと……10フローリンの現金が減ったということと……」

「それと？」

「その代わり僕らが商品を手に入れたということ、かな？」

「そうだ。それを帳簿に書くと、こうなるんだよ」

4月3日	🧍自分		👥他人	
	商品	10	現金	10

（単位：フローリン）

「うーん。現金を 👥他人 側に書いたということは、現金を他人に渡したということ？」

「そうなるな。その代わり 🧍自分 側、つまりレオルカ商会側に10フローリンの価値がある商品が来たということになるんだ」

> **簿記・経理知識 ⑨** 商品を仕入れると 👤自分 側に商品が来て、👥他人 側に現金が渡る。

「じゃあ、卵10個といった情報は書かなくていいの？」
「そういった情報は、他のメモ用紙か何かに書いておけばいいんだよ。簿記の世界は、すべて金額だけで表示するからな」

> **簿記・経理知識 ⑩** 簿記の世界では、すべて金額だけで表示する。

2

「———レオンくん、卵ってなかなか売れないもんだね」
僕はかなり落ち込んでいる。
「ふわぁ～、何だかそのようだなぁ～」
一方、レオンくんはのんきな顔をしている。
開店したのが午前9時。今はもう昼過ぎ。
実はいまだに1個も売れていないのだ。
「おやおや、坊やたち。随分としょげ返っているじゃない。最初は誰でもうまくいかないもんだよ」
コトルーリおばさんが、隣のレストランから出てきて僕たちに声をかけてくれた。
どうやら、ランチタイムの大混雑もひと段落ついたみたいだ。

「僕も最初からうまくいくとは思ってなかったんですけど。それにしても、これでは……」
1個も売れないので、僕はかなり弱気になっていた。
「そんなに落ち込むなよ。うーん、もう少しで良いアイデアが浮かびそうなんだけどなぁ———」
レオンくん、そんなにのんびりしたことを言ってる場合なの〜〜？

目の前にある噴水広場を多くの人たちが行き交っている。
その、人の流れをボーッと見ていると、噴水の前で1人の少年がカンバスを広げていた。どうやら絵を描き始めるようだ。
「ほう、あれはミケじゃないかい？　イタリア中で有名な天才少年画家だよ」
コトルーリおばさんが興味深そうに言った。
「天才少年画家ですか。そのミケさんって人は、そんなに有名なんですか？」
「そうだよ。あの子が小さな頃から『上手な絵を描く神童がいる』っていう噂が、イタリア中に流れたくらいだからねぇ。歳は坊やたちと一緒くらいじゃないのかい」
そんなことを話しながら、天才少年画家ミケの様子をしばらく眺めていた。
ミケさんは、噴水広場からエッグランドのシンボル"エッグランド大聖堂"へと続く大通りの様子を描いているようだった。
「ほう〜。ルカ、あいつ意外と絵がへただな」
レオンくんが突然こんなことを言い出した。
「シーッ！　ミケさんに、失礼じゃない。聞こえたら

どうするの」
　僕は慌ててレオンくんの口をふさいだ。
「もごっ、もごっ———でもさぁ、俺のほうがうまいと思うぜ。ちょっと、待ってろ」
　レオンくんは僕の手を振り払うと、目の前に置いてあった商売用の卵を全部手持ちの籠に入れ始めた。
「この卵、もう古くて売れないよな。じゃあ、持って行ってもいいだろう」
　そう言うと、籠を取って店の奥へと入っていってしまった。

　いったい何しているんだろう？
　と思っていると、1時間ほどたってようやくレオンくんが戻ってきた。
「これを見てくれよ」
　レオンくんは提げていた籠から卵を1個取り出し、僕

の目の前に差し出した。
　その手に載せられた卵には、鮮やかな色で街の風景が描かれてあった。
「これって何なの⁉」
「どうだ、結構きれいだろう。これ以外にもいっぱいあるぜ」
　レオンくんはそう言うと籠の中を見せてくれた。
　籠の中には森林や湖、鳥や動物、妖精などが描かれたきれいな卵たちが積まれていた。
　どうやらレオンくんには、絵の才能があるらしい。
「へぇ、やるじゃない。これはとってもきれいだねぇ」
　再び僕らの様子を見に来ていたコトルーリおばさんも、レオンくんの卵には感心しているようだった。

　僕らがレオンくんの卵のことで突然騒がしくなったのが気になったのだろうか。
　それまで黙々と絵を描いていた天才少年画家のミケさんが、こちらへとやって来た。
「これこれ、そこの少年。すまないが、私にもその絵が描いてあるという卵を見せてくれないか」
　ミケさんは、なんだか同じ年とは思えない偉そうな感じだった。
「いらっしゃい。悪いがこの卵は商売品なんで、買ってくれる人じゃないとお見せできないんだよ」
　レオンくんは素っ気なく言い返した。
　なるほど、たしかにこの卵はもともと売り物用の卵だ。もう古くなっちゃったけど……。
「どうしてズブの素人の描いた絵に、私が金を払わなきゃならないのだ。私はこれでもプロの画家だぞ」

ミケさんはちょっと怒っているようだった。
「まあ、せっかくだから買っていけよ。これを参考にすれば、あんたの芸術の幅も広がるぜ」
　レオンくんはわざとミケさんを挑発しているようだった。
「んっ！　それは聞き捨てならないな。いったい、どういうことなんだ」
「たとえば、こういうことだよ」
　レオンくんはそう言うと、せっかく描いた卵の殻をむき出した。
　どうやら、ゆで卵にしておいたらしい。
「おい、おまえ！　せっかく卵に絵を描いたんだろう。どうしてそれを剥いてしまうんだ！」
　ミケさんは完全に怒っていたが、レオンくんは平然としていた。
「芸術なんてモノは、どこからでも生まれてくるものだろう。俺は卵に絵を描いてみせたぜ。さあ、天才少年画家ならこの真っ白なゆで卵をどうするかな？」

「レオンくん、なんてことしたの。ミケさん、かなり怒っていたよ……」
　僕は心配だった。
　ミケさんはゆで卵を持ったまま、どこかへ行ってしまったのだ。
「まあ、いいじゃん。あいつが本当に天才画家なら、何かに気づくと思うんだけどな」
　レオンくんは相変わらずのんきだった。
「それにしても、この卵の絵はよく描けているよね」
　ローマ神話の女神が描かれた卵を僕がかざして見てい

ると、通行人が物珍しそうに店先を覗いてきた。
　それからまもなく、お客さんが店の前にたくさん集まってきた。
　「───この鳥が描かれた卵、とてもきれいですわね。坊や、お１つくださいな」
　「このエーゲ海の絵は上手ではないか。妻への土産にするので、１つくれぬか」
　「わー、このたまごさん、とってもきれい。ママー、これ買ってよー」
　こんな感じで"絵の卵"は、あっという間に売り切れてしまった。
　残っていた卵９個全部を１個２フローリンで売ったので、18フローリンがわずか数分で手に入ったのだ。

　「"絵の卵"ってすごい評判だね。もう、売り切れちゃったよ」
　僕はとても嬉しかった。

「そうだな。しかし、1個あいつに持って行かれたのは損したな」

レオンくんは自分でミケさんに渡したのに、どうやら人のせいにしているようだった。

こんなことをしゃべっていると、なんと、あのミケさんがまた店にやって来た。

「——さっきはすまなかったな。あの卵のおかげで私は芸術の幅を広げることができそうだよ。本当にありがとう。これ、遅くなったけど卵の代金だ。このゆで卵も記念にあげるよ」

ミケさんはそう言うと、卵の代金2フローリンと、ちょこっと細工のされたゆで卵を置いて、またどこかへ行ってしまった。

——置いていったゆで卵をよく見てみると、ところどころナイフで削られており、それは真っ白な男性の像になっていた。

「……レオンくん、これどういうこと？」

僕は卵で作られた男性像を見ながら、あっけにとられていた。

「まあ、あいつも芸術の可能性の広さに気がついたということだろうな。結構、素直でいい奴じゃないか」

レオンくんはそう言って笑っていた。

そのときの僕には、まだ何のことだかよくわかっていなかった。

3

　コトルーリおばさんが作ってくれたおいしいオムライスを食べた後、今日の商売を帳簿につけることにした。

　レオルカ商会の現金が増えたから、🧑自分 の現金を20プラスして、👥他人 に商品を10渡せばいいってことだよね。

4月3日	🧑自分		👥他人	
	現金	20	商品	10

(単位：フローリン)

「ルカ、たしかに商品10を売って現金が20入ってきたんだが、🧑自分 と 👥他人 のバランスがおかしいとは思わないか？」

　いつのまにか横に来ていたレオンくんに質問された。

「バランスがおかしいって？」

「そうだなぁ。ルカ、天秤(てんびん)って知っているか？」

「天秤ぐらい知っているよ。片方に物を載せて、もう片方に重りを載せて、同じ重さになったらちゃんと釣り合うアレでしょ」

「そうだ。実は商売も天秤と同じなのさ。売った商品の価値と見合っただけのお金をお客さんから頂戴するのが商売というもの。これが売買の根本原理**等価交換の原則**というやつさ。天秤と同じで、釣り合わないと決して商売にはならないってことだ」

> **簿記・経理知識⑪** 商売というのは、「売った商品の価値」と「お客さんからもらうお金」が同じでなければならない。等価交換の原則。

「……それじゃあ、 他人 は商品20になるの？」

「それでもいいんだがな。今はわかりやすいやり方を教えてやるよ。こうやるんだ」

4月3日	😊 自分	👥 他人	
	現金 20	商品	10
		商品販売益	10

（単位：フローリン）

「**商品販売益**を使うことで、😊 **自分** と 👥 **他人** のバランスが、両方とも足して20ということで一致するんだね」

「儲かったときは『利益』が出たんだから商品販売益という科目(注)を作るのがポイントだな。この商品販売益という利益は、商品に上乗せした価値というわけだ」

「僕らの場合でいうと、卵を遠くから運んできた手間と絵を描いた分だけ価値が上乗せされたってことだね」

（注）科目というのは、取引の内容を分類するための名前。勘定科目（17ページ参照）と同じです。

> 簿記・経理知識 ⑫ 売った商品ともらった現金との差が、『利益』（商売販売益）となる。

さて、「ミケさん」ことミケランジェロさんは大人になると、ルネッサンス最高の芸術家として大活躍した。

システィナ礼拝堂に描かれた「最後の審判」や「天地創造」など素晴らしい作品を連発していったのだ。

なかでも彫刻は絶品で、真っ白な大理石で作られた「ダビデ像」など後世に伝わる名作も数多く残した。

ミケくんが彫刻に目覚めたきっかけが、真っ白なゆで卵なのかどうかは、定かではないけどね。

第2話　たまごの国の天才少年　〜等価交換の原則〜

第3話
たまごの国から大航海
~商品が複数の場合~

1

　"絵の卵"が売り切れたことに気をよくした僕らレオルカ商会は、"絵の卵"を正式に商品として売り出すことにした。
　レオンくんは大変だったと思うけど、毎日30個もの卵に絵を描いてもらった。
　そのおかげで連日売り切れ。
　ほんと、レオンくんお疲れさま。というわけで、商売初日からの仕訳を書くとこうなった。

	自分		他人		
4月2日	現金	1000	借入金 資本金	800 200	お店スタート
4月3日	商品	10	現金	10	仕 入
	現金	20	商品 商品販売益	10 10	販 売
4月4日	商品	30	現金	30	仕 入
	現金	60	商品 商品販売益	30 30	販 売
4月5日	商品	30	現金	30	仕 入
	現金	60	商品 商品販売益	30 30	販 売
4月6日	商品	30	現金	30	仕 入
	現金	60	商品 商品販売益	30 30	販 売

（単位：フローリン）

「おい、ルカ。仕訳もだいぶんたまってきたから、これまでの仕訳を全部まとめてみな」

「仕訳をまとめて書いたらどうなるの？」

「そうだなぁ、すごいことが起きるかもな。新しい発見ができると思うぜ」

レオンくんにそう言われて、僕はこれまでの仕訳の数字を全部足してみることにした。

4月6日現在

自分		他人	
現金	1200	借入金	800
商品	100	資本金	200
		現金	100
		商品	100
		商品販売益	100

(単位：フローリン)

「レオンくん、これでいいの？」

「ちょっと惜しいな。現金や商品が 自分 と 他人 の両方にあるだろう。これを 自分 の側にまとめてすっきりさせると、こうなるんだ」

とレオンくんは言って、次の"まとめ表"を書いた(注)。

4月6日現在

　　　　　　　　　　👤 自分　　　　　　　　　　👥 他人

　　　　現金　1200-100=1100　　　　借入金　　　800
　　　　商品　　100-100=0　　　　　資本金　　　200
　　　　　　　　　　　　　　　　　　商品販売益　100

(単位：フローリン)

「こうやってまとめた表のことを**試算表**っていうんだ。ルカ、この『試算表』を見て何か気づくことはないか？」

「う～ん。わかることは、👤自分 には現金1100があるから、僕らはいま現金1100フローリンだけ持っている、ってことかな」

「そうだ。俺たちの会社に何があるかは、👤自分 を見ればいいのさ。いま俺たちの会社には現金1100がある。でも、わかるのはそれだけじゃないぜ。👥他人 を見れば、現金1100はもともと借入金800と資本金200、商品販売益100から出されたものだ、ということもわかるのさ」

「ええっと。つまり、レオルカ商会の現金1100のうち、800は借りたお金、200は出資してもらったお金、そして、残りの100は働いて稼いだお金だってこと？」

「そのとおり。利益もお客さんという他人からもらったものだから 👥他人 側になるのさ」

(注) 現金や商品が自分側にまとめられるのは、現金も商品も「資産」のカテゴリーに入る科目だから（162ページ参照）。

> 簿記・経理知識⑬
> 『試算表』の 👤自分 を見れば、自分たちの財産がわかる。
> 『試算表』の 👥他人 を見れば、自分たちの財産がどこから出てきたのかがわかる。

「なるほど、自分の財産の由来がわかるんだね。スゴイなぁ。あと、👤自分 の合計金額1100は、👥他人 の合計金額1100と同じになっているよね。何か、不思議な感じがするけど……」

「たしかに、不思議に思うかもな。これは**貸借一致の原則**と言って、『複式簿記』の特徴なんだ。『仕訳』のとき、左右の金額をいつも同じにしているだろ。そうすれば、必ずこうなるのさ」

「商売の基本は売り手と買い手の天秤が釣り合うこと、つまり等価交換だもんね。👤自分 と 👥他人 が一致するのも当たり前なんだね」

> 簿記・経理知識⑭
> 👤自分 と 👥他人 の合計金額は必ず一致する（貸借一致の原則）。

　僕はこの１週間で商品も売れるようになったし、『複式簿記』もちょっとだけできるようになった。

　このことをどうしてもクラリーチェさんに伝えたくて、夕暮れどきに彼女の住む古城に向かった。

　だけど、容態が悪いということで面会することはかなわなかった。

　クラリーチェさん、大丈夫だろうか……。

2

　4月7日朝。
　僕が1人で郊外の養鶏場から卵を仕入れて帰ってくると、レオンくんが目を輝かせながら僕を待っていた。
「ルカ、これが今日から売り出す新商品だぜ」
　と言って、レオンくんが差し出したのは、何やら訳のわからない模様が描かれた丸くて大きな3つの卵だった。
「レオンくん。何なの、この大きな卵は？」
「これか？　これはダチョウの卵さ。さっき、卵市場で買ってきたんだ」
　レオンくんはその大きなダチョウの卵を僕の目の前に突き出した。
「そ、それはいいけど、このダチョウの卵にはいったい何の絵が描かれてるの？」

「これを見てわからないか？　この世界の模型だよ」
「世界の模型!?」
「世界地図をこのダチョウの卵に描いたんだ。ドイツのベハイムという地理学者から聞いたことがあるんだが、これを『地球儀』と呼ぶらしい」

レオンくんによると、世界はどうやら丸いそうだ。

教会学校では世界は平らだって習っていたから僕はビックリだ。

天文学を勉強している人にとっては、世界が丸いというのは常識なのだそうだ。今から1500年以上前の学者エラトステネスは、「世界は球形だ」と言ってその地球の大きさも測っていたらしい。

「へぇー、すごいね。すごいね」

僕は素直に感動していた。

レオンくんは絵がうまいだけでなく、天文学や地理学にも詳しいだなんて。

「ルカ、よく聞けよ」

レオンくんは、自慢げにその『地球儀』の1つを高々と持ち上げた。

「今は大航海ブームだろ？　だから、この地球儀は船旅に絶対役に立つはずなんだ」
「ふーん」
「あと、船旅ということを考えて完全防水加工。もし船が沈没したときは、浮き袋がわりにもなるという優れものだ。どうだ、すごい工夫だろ？」

レオンくんは嬉しそうに語っていた。

でも、僕はあることに気づいていた。

「でもね、レオンくん。エッグランドって内陸で海がないから、船乗りなんていないと思うけど……」

「あっ——」
「まあまあ、落ち込まないでよ。とりあえず、売れるかもしれないからお店には出してみようよ。ねっ」

とりあえず地球儀をお店に出す前に、帳簿を書くことにした。
このダチョウの卵は、レオンくんが1個40フローリンで3個買っていた。

4月7日　　商品『絵の卵』用の卵30個、30フローリン払った。

商品『地球儀』を作るためのダチョウの卵3個、120フローリン払った。

と書くのではなくて、『複式簿記』だから1つの取引について2つの情報を載せなければならないんだよね。

4月7日

👤 自分		👥 他人	
商品	30	現金	30
商品	120	現金	120

(単位：フローリン)

「レオンくん、『絵の卵』と『地球儀』って別の商品だけど、《商品》っていう同じ科目でいいの？」
「ああ、別にA商品・B商品というふうに分けてもかまわないぜ。でも、商品の種類が多くなったとき、いちいち区別して仕訳を書くのは大変だろ。だから、《商品》だけでかまわないぜ」

「じゃあ、商品の細かい情報はわからなくていいの？」

「いや、そういう意味じゃなくて、商品の詳しい情報は**商品有高帳**（しょうひんありだかちょう）という別の帳簿に書いておくのさ」

> 簿記・経理知識 ⑮ 商品についての詳しい情報は『商品有高帳』という別の帳簿に書いておく。

僕はさっそく、いま現在の『試算表』を作ってみた。

4月7日朝8時現在の『試算表』

自分		他人	
現金	1100-30-120=950	借入金	800
商品	30+120=150	資本金	200
		商品販売益	100
計	1100	計	1100

（単位：フローリン）

（注）この「試算表」は55ページの「試算表」と59ページの仕訳から作られています。

「現金が減って、その代わりに商品が増えたって感じなんだね」

「そうだな。あと、 自分 と 他人 の合計金額も

ともに1100で一致したままだろう。これが一致していなかったら、仕訳か計算が間違っているということだからな。"貸借一致の原則"は計算チェックにもなるんだ」

> 簿記・経理知識⑯ 👤自分 と 👥他人 それぞれの合計額が一致していなければ、それは仕訳か計算が間違っている（『貸借一致の原則』より）。

それにしても、この『地球儀』って売れるのかな？

3

「いらっしゃいませ。世にも珍しい世界の模型、地球儀はいかがですか！ 1個たった80フローリン！ 世界への大航海には絶対必要ですよー」

と、街を行き交う人たちに声をかけてみたものの、『地球儀』はまったく売れない。

『絵の卵』のほうは午前中に全部売り切れたのに……。

「レオンくん、やっぱりエッグランドには船乗りなんていないよ〜」

「まあ、待てよ。船乗りじゃなくても、世界に興味がある奴もいるだろう」

そうやって我慢して売っていると、店先に1人のお兄さんがやって来た。

「———すまないけど、その丸い世界地図を私に見せてくれないかい？」

そう言うと、そのお兄さんは地球儀を持ち上げてしば

らくの間まじまじと眺めていた。

　お兄さんの名前はヴェスプッチさんといって、近くの大都市フィレンツェで天文学や地理学を勉強している人だそうだ。
「すごくよくできているね。これを君が作ったのかい？　ほんと、すごいよ」
　ヴェスプッチさんは『地球儀』をとても誉めてくれた。
　そして、なんと１つ買ってくれるらしい。

　僕らがおしゃべりをしていると、さっきから店先で立ち止まって僕らの話を聞いていた男の人がこちらへとやって来た。
「ちょっと待ってくれ。地球が丸いっていうのは本当か！」
「もちろんだぜ。天文学をやっている人間にとっては超常識だぜ、おっさん」
　レオンくんはその男に"今さら何を言ってんだ"という顔で答えた。
「───そうか。じゃあ、ここから西の海を進んでいけば崖があるんじゃなくて、くるっと回ってインドのほうに行けるのか？」
「まあ、そうなるかな」
　それからこの男の人は、レオンくんを質問責めにした。

　この男の人は、コロンブスさんといって港町ジェノヴァの船乗りだそうだ。
　インドへの大航海をするために、今は資金集めの旅をしているらしい。

「それじゃ、この地球儀とやらを俺も1個もらうぞ。それにしても、この地球儀は丸いから、立てておくことはできないな」
　「いや、コロンブスのおっさん。ちょっと頭を使えばできないこともないぜ」
　レオンくんは挑発するかのように言った。
　「本当か？　球形なんだぞ。絶対できないに決まっているだろ！」
　コロンブスさんはちょっとムッとしたようだ。
　「じゃあ、賭けるか、おっさん？」
　「ああ、いいだろう！」
　レオンくんはニヤッと笑いながらコロンブスさんに渡した地球儀を手に取って持ち上げ、テーブルめがけて真下に振り下ろした。
　地球儀の下の部分がペシャンコになってしまった。

「おい、地球儀を壊してどうするんだ！」

コロンブスさんはビックリした顔でレオンくんを問い詰めた。

「見てみろよ。ちゃんと立っているだろ？」

たしかにレオンくんの言うとおり、卵の下の部分が平らになったせいで地球儀は立っている。

「そんなもの、壊していいのなら誰でもできるだろう！」

コロンブスさんは怒っていた。

でも、レオンくんは笑ったままだった。

「そうだな。たしかにその方法を知ってしまえば誰でもできるさ。でも、その方法を最初に思いつくのがむずかしいんじゃないのかい、おっさん」

その後、コロンブスさんは下の部分がちょっと壊れた地球儀に加えて、1個残っていたちゃんとした地球儀も買ってくれた。

もちろん、ヴェスプッチさんも1個買ってくれた。

これで、3つとも完売。めでたし、めでたし。

さっそく、帳簿に『仕訳』を書かなきゃ。

4月7日

	自分		他人	
仕　入	商品	150	現金	150
販　売	現金	300	商品 商品販売益	150 150

（単位：フローリン）

(注) 商品150＝「絵の卵」用の卵30＋「地球儀」用のダチョウの卵120
　　 現金300＝「絵の卵」60＋「地球儀」240

商売の基本は"等価交換の原則"、天秤と同じ。
　🧍自分 と 👥他人 が釣り合うように、儲かったときは"商品販売益"という科目を作るのがポイントなんだよね。

　これはだいぶ後の話になるのだけど、地球儀を買ってくれたコロンブスさんは、資金を集めて大船団を組み、ヨーロッパ人として初めて大西洋を横断して新大陸"インド"到達に成功したんだ。

　これはそのコロンブスさんのエピソードなんだけど、あるパーティでコロンブスさんの周りの人が「西回りでインドを見つけることなんて誰でもできるよ」と言ったそうだ。
　それを聞いたコロンブスさんはちょっとムッとしたらしく、食卓にあった卵を手に取って「皆さん、この卵を立てることができますか？」と言った。
　しかし、みんなは卵を立てることなんてできない。
　その様子を見たコロンブスさんは、卵の下の部分をちょこっと割って卵をテーブルに立てた。
　みんなが「そんな方法なら誰でもできるぞ！」と抗議すると、コロンブスさんは「誰でもできることでも最初にやるのがむずかしいのだ」と言ったそうだ。
　それから、「一見簡単そうなことでも、初めて行なうのはむずかしい」ことを『コロンブスの卵』と言うようになったんだって。

　ちなみに、最初に地球儀を買ってくれたヴェスプッチさんの本名はアメリゴ=ヴェスプッチ。

そのヴェスプッチさんは、コロンブスさんが見つけた後に新大陸に渡り、調査の結果コロンブスさんが見つけた"インド"が実は"インド"ではなく、まったくの新大陸だったと報告した。

　その後、この新大陸はお兄さんの名前の"アメリゴ"を取って、"アメリカ大陸"と呼ばれるようになったんだって。

　それにしても、コロンブスさんやヴェスプッチさんは、僕らが売ったあの地球儀を使ってくれたのかなぁ――。

4月7日夜現在の『試算表』

	自分		他人
現金	950+300＝1250	借入金	800
商品	150-150＝0	資本金	200
		商品販売益	100+150＝250
計	1250	計	1250

（単位：フローリン）

(注) この「試算表」は60ページの「試算表」と64ページの販売の仕訳から作られています。

第4話
たまごの国の夢の1日 (前編)
～元帳と試算表～

1

　僕らのお店"レオルカ商会"はエッグランドで一番高い建物、エッグランド大聖堂へと続く大通りの途中にある。

　エッグランド大聖堂はルネッサンス随一の建築家ブルネレスキが建てたロマネスク風の教会で、とても荘厳で美しい教会だ。

　毎日、時刻を知らせる大聖堂の白いベルの音が、エッグランド中に響き渡っている。

　僕らは白いベルの音を遠くに聴きながら、今日もせっせと仕事をしていた。

　「ねえ、レオンくん。明日は4月15日だけど、お店はどうする？」

　お店を閉めた後、後片付けをしながらレオンくんに尋ねた。

「えっ、明日は何かあるのか？」

レオンくんは驚いているようだった。

「忘れたの？　明日は復活祭の日じゃない。ゴルゴタの丘で処刑されたはずの主イエス＝キリストが復活したのをお祝いする日だよ」

「ああ、そうだったな。それじゃ、明日は休むか。開店してから２週間、これまで１日も休みがなかったしな」

「そうだねっ。そうしようよ！」

「じゃあ、今日までの商売を全部整理してみるか。区切りもいいしな。ルカ、仕訳帳を持って来いよ、今から元帳(もとちょう)を作るから」

「もとちょう？　何なの、それ」

「『元帳』というのは、現金・商品・借入金というように科目別に、これまでの取引を集計した帳簿のことだ。この『元帳』を使えば、"現金の動きだけ"とか"商品の動きだけ"を把握することができるのさ」

> 簿記・経理知識⑰　『元帳』とは科目別にこれまでの取引を集計した帳簿のこと。

僕はさっそく、店の奥から仕訳帳を持って来た。

「この仕訳帳からどうやって『元帳』を作るの？」

「そうだな。まずは、現金の『元帳』から作ってみるか」

『現金元帳』

日付	摘要	自分	他人	(自)または(他)	残高
4月2日	資本金	200		(自)	200
〃	借入金	800		(自)	1000
4月3日	商品		10	(自)	990
〃	商品	10		(自)	1000
〃	商品販売益	10		(自)	1010
4月4日	商品		30	(自)	980
〃	商品	30		(自)	1010
〃	商品販売益	30		(自)	1040
4月5日	商品		30	(自)	1010
〃	商品	30		(自)	1040
〃	商品販売益	30		(自)	1070
4月6日	商品		30	(自)	1040
〃	商品	30		(自)	1070
〃	商品販売益	30		(自)	1100
4月7日	商品		150	(自)	950
〃	商品	150		(自)	1100
〃	商品販売益	150		(自)	1250

(途中省略)

日付	摘要	自分	他人	(自)または(他)	残高
4月13日	商品		200	(自)	1700
〃	商品	180		(自)	1880
〃	商品販売益	120		(自)	2000
4月14日	商品		200	(自)	1800
〃	商品	200		(自)	2000
〃	商品販売益	200		(自)	2200

(注) 4月6日までについては53ページ、55ページを参照。
　　 4月7日については64ページを参照。

そう言うと、レオンくんは仕訳帳を見ながら紙に何かを書きだした。
「現金の動きだけをまとめるとこうなるな」
　レオンくんはそう言って、**現金元帳**を見せてくれた。
「うーん。意味がさっぱりわからないんだけど……」
「とりあえずだな、右端の残高の欄を見てみろよ。これで、これまでの現金の動きが一目でわかるぜ」
「右端は現金残高なんだね。たしかに、だんだん増えていってるね」
「わかりにくいのは左から２つ目の摘要欄だろうな。ここには、現金という仕訳の反対側の科目を書くんだ。これを見ればどういう理由で金が動いたかもわかるぜ」
「現金の反対側だから、"商品"や"商品販売益"が並んでるんだぁ」
「そういうことだ」
「レオンくん、聞いていい？　右から２つ目の『(自)または(他)』って何？」
「それはな、現金の残高が 自分 にあるか 他人 にあるかということなんだが、現金は《借りた人》の財産だから、普通は 自分 だな」
「だから、全部（自）になってるんだね」
「現金の場合、マイナスというのは変だから（他）というのは通常あり得ないぜ」

> **簿記・経理知識 ⑱**　『元帳』を見れば、科目ごとの残高の動きや取引の理由を知ることができる。

2

　僕らが仕訳帳から次の科目"商品"の『元帳』を作ろうとしたとき、やけに高いところから声が聞こえてきた。
「君たち、商売のほうはうまくいっているかね」
　僕が顔を上げて店の前を見ると、白馬に乗った男の人がこちらを見下ろしていた。
　メディチ家の若き当主ロレンツォさんだ。
　ロレンツォさんは、僕らレオルカ商会の出資者の1人であり、多くのお金を貸してくれた人でもある。
「ロレンツォさん、お久しぶりです」
「ロレンツォの兄ちゃん、オッス！」
　僕らの声に、ロレンツォさんは笑顔でこたえてくれた。
「2人とも元気そうだな。何よりだ」

　とりあえず、僕はこのレオルカ商会の2週間をロレンツォさんに説明した。
「———なるほど、なかなかうまくやっているようだな。さすがは大言壮語するだけのことはあるな、レオン君」
「これくらいできて当然だぜ」
　レオンくんはぶっきらぼうに言ったが、本当は照れているのが僕にはよくわかる。
「ところで、レオン君。君たちの店に出資するときに交わした2つの条件を覚えているかね？」
　1つなら知っている。
　それは、僕が『複式簿記』を使って帳簿をつけて**貸借対照表**と**損益計算書**を作ること。
　あれっ？『貸借対照表』と『損益計算書』って何だろ

う?

まだ、教えてもらってなかったぞ。

まあいいか、後でレオンくんに聞こう。

それに、2つ目の条件はまだ教えてもらっていないぞ!

「ああ、心配しなくても大丈夫だぜ。ロレンツォの兄ちゃん。『複式簿記』のほうはルカが上手になっているし、もう1つのほうも9割方できているぜ」

「そうか、とりあえずその中身をいま渡しておこう」

あれ? レオンくんは2つ目の条件を知っているのかな? 僕には2人が何の話をしているのかがサッパリわからない。

仕方がない。

思いきって聞いてみよう。

「ロレンツォさん、2つ目の条件って何なんですか? 僕は『複式簿記』のことしか聞いていないんですけど」

その質問を受けて、ロレンツォさんは少し動揺したよ

うに見えた。
「———レオン君。ルカ君には例のプレゼントの話はしていなかったのか？」
「プレゼント!?」
　僕が声をあげた。
「ああそうさ。プレゼントだぜ、ルカ。実は俺はロレンツォの兄ちゃんにプレゼント作りを頼まれていたのさ。愛する婚約者のためのプレゼントをな」
　ロレンツォさんの顔が少し赤く見えるのは、おそらく夕日のせいではないだろう。
「ロレンツォさんには、婚約者がいらしたんですか！それで、いつご結婚なさるんですか？」
　僕は興味津々だ。
「———ああ、近いうちにとは思っている。そこで、彼女が望むプレゼントをレオン君に頼んだのだよ」
「でも、ロレンツォさんは世界一の大金持ちなんだから、何でも買ってあげられるじゃないですか。何で、わざわざレオンくんなんかにプレゼント作りを頼むんですか？」
　ロレンツォさんはちょっと考えてからこう答えた。
「———ルカ君。世の中にはお金では買えない"夢"というモノもあるのだよ」

　その後、ロレンツォさんのもとに急ぎの使者がやってきて、ロレンツォさんに何かを告げた。
　ロレンツォさんは「急用ができたので、これで失礼する」と言い残し、馬を飛ばしてどこかに行ってしまった。

「レオンくん、レオンくん。『貸借対照表』と『損益計

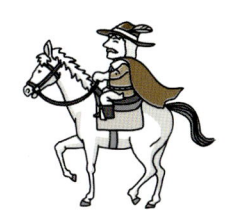

算書』っていったい何なの？」

ロレンツォさんが帰った後、さっそく僕は聞いてみた。

「ああ、そのことか。それは『試算表』を作った後の話だな。とりあえず『元帳』を作って、そこから『試算表』を作るか」

「えっ、『元帳』からも『試算表』を作れるの？」

「ああ。作れるというか、『元帳』から『試算表』を作るのが普通の流れだ」

「レオンくん。でも、これまでは『仕訳帳』から『試算表』を作っていたじゃない」

『現金元帳』

日付	摘要	自分	他人	(自)または(他)	残高
4月2日 〃	資本金 借入金	200 800		(自) (自)	200 1000
4月14日 〃 〃	商品 商品 商品販売益	200 200	200	(自) (自) (自)	1800 2000 2200

『商品元帳』

日付	摘要	自分	他人	(自)または(他)	残高
4月3日 〃	現金 現金	10	10	(自) —	10 0
4月13日 〃 4月14日 〃	現金 現金 現金 現金	200 200	180 200	(自) (自) (自) (自)	380 200 400 200

「いろんな方法があるのさ。じゃあ、とりあえず残りの『元帳』を作ってみるか」

『借入金元帳』

日付	摘要	自分	他人	(自)または(他)	残高
4月2日	現金		800	(他)	800

『資本金元帳』

日付	摘要	自分	他人	(自)または(他)	残高
4月2日	現金		200	(他)	200

『商品販売益元帳』

日付	摘要	自分	他人	(自)または(他)	残高
4月3日	現金		10	(他)	10
4月13日	現金		120	(他)	1200
4月14日	現金		200	(他)	1400

「ルカ、これら各科目の『元帳』をまとめてファイルしたものを**総勘定元帳**というんだ」

「『総勘定元帳』かぁ。ねぇ、勘定ってどういう意味なの？」

「勘定っていうのは、科目と同じ意味だな。『総勘定元帳』はすべての科目の『元帳』を集めた帳簿ってことになるな」

> 簿記・経理知識 ⑲ すべての科目の『元帳』を集めた帳簿のことを『総勘定元帳』という。

「じゃあ、次に『試算表』を作るか。ルカ、お前は『仕訳帳』から『試算表』を作ってみろ。俺は『総勘定元帳』から『試算表』を作るから」

というわけで、僕らはそれぞれ『試算表』を作ることになった。

ちなみに、仕訳は1つ書くごとに1本・2本と数えるらしい。

それでいうと、僕は50本くらい仕訳が書かれた『仕訳帳』を1つひとつ足したり引いたりしていって、『試算表』を作っていった。

そして気がついたら、1時間もかかっていた——。

4月14日現在の『試算表』

自分		他人	
現金	2200	借入金	800
商品	200	資本金	200
		商品販売益	1400
計	2400	計	2400

(単位:フローリン)

「レオンくん!『試算表』ができたよ」
レオンくんの返事がない。
店の奥を見たら、レオンくんはスヤスヤと眠っていた。
「レオンくん! 『試算表』ができたんだってば!」

「あ〜あ、よく寝た。ルカ、やっとできたのか。俺は1分でできちまったから、退屈で仕方がなかったぞ。ロレンツォの兄ちゃんのプレゼント作りを仕上げて、まだ時間が余ったからすっかり寝ちまったぜ」

　レオンくんが大きく伸びをしながら店の奥から出てきた。

「えっ、1分で『試算表』ができちゃったの!?　本当に？」

「ああ、本当だ。だってな、『総勘定元帳』の各科目の右下を見てみな(注)」

（注）74ページ、75ページ参照。

「右下って、最終日の残高が書いてあるところでしょう？　どれどれ」

　僕は各元帳の最終残高を1つひとつ見ていった。

「えーっと、現金が2200フローリン、商品が200フローリン、借入金が800フローリン、資本金が200フローリン、商品販売益が1400フローリン……。あーっ!?」

　そうなのだ。

　『総勘定元帳』の最終残高と『試算表』の金額が同じなのである。

「『総勘定元帳』の最終残高と『試算表』の金額が同じなのは、どちらも同じ『仕訳帳』から作ったんだから当たり前だ。だから、『総勘定元帳』の最終残高から『試算表』を作ったほうがはるかに早く作れるのさ」

「えー、だったら先に教えてよー」

　僕は憮然として言った。

「まあ怒るなよ、ルカ。これで、よくわかっただろ？ 取引があったら、まず『仕訳帳』に仕訳を書いて、『仕訳帳』から『総勘定元帳』を作って、さらにその『総勘定元帳』から『試算表』を作るのが通常の簿記の流れなのさ」

> **簿記・経理知識 ⑳** 簿記の流れは、取引の発生→『仕訳帳』→『総勘定元帳』→『試算表』の順。

「あっ、そうだ。レオンくん、それで『貸借対照表』と『損益計算書』はどうやって作るの？　まだ聞いていないんだけど」

「ああ、そうだったな。『貸借対照表』『損益計算書』は『試算表』から作るんだが、その話はまた明日にしようぜ。俺はまだ眠いから、このままここで寝させてくれ」

　そう言うと、レオンくんは店から少し離れた下宿には

帰らず、そのまま店の中で寝てしまった。
「仕方がないなぁ。まあ、明日は復活祭で休みだからいいか———」

3

4月15日。
———復活祭の日はレオンくんに叩き起こされて始まった。
「ルカ、起きろ！　起きろってば！」
「むにゃ、むにゃ」
「早く起きろってば！」
「……どうしたの、レオンくん？　朝から大きな声なんか出して」
　目を覚ますと、ドアのところに大きな白い布袋を背負ったレオンくんが立っていた。
　時計を見るとまだ6時過ぎだ。
「レオンくん、まだ6時だよ。今日は仕事も休みなんだから、ゆっくり寝かせてよ」
「もう6時なんだぜ。今から仕事だ、仕事の依頼があったんだ。ルカも早く起きて準備しろ！　今日は1日中忙しくなるぞ」
　レオンくんは僕を急かした。
「レオンく〜ん、どうしてそんなに急かすの？」
「どうしてって。そりゃ、お客さんを待たせたらいけないからだろうが」
　レオンくんはそう言うと、後ろを向いてドアを開いた。
「姉ちゃん、ごめんな。ルカの奴、目を覚ますのが遅

くて。もうちょっと待ってくれるか？」
　ドアの外には驚くほどきれいな女性、クラリーチェさんが立っていた———。

　———いま僕は、レオンくん、クラリーチェさんと一緒にコトルーリおばさんのお店で朝食をとっている。
　食卓には、フレンチトースト、目玉焼き、スクランブルエッグ、そしてゆで卵が並んでいる。
　クラリーチェさんが席を立ったスキに、僕はレオンくんを問い詰めた。
「レオンくん、これっていったいどういうことなの!?」
「んっ、何のことだ？」
「ふざけないでよ！　今日はそもそも仕事はお休みだったはずなのに、どうして仕事をすることになったの？

それに、その大きな荷物は何？　そんなことよりも、クラリーチェさんはいったいどんな仕事を依頼してきたの!?」

　僕は真剣に聞いたのに、レオンくんは目玉焼きと格闘しながら僕の問いに答えようとした。

「え〜となぁ、ルカ。まず昨日、俺は店で寝てしまっただろ？　すると、朝の5時過ぎくらいかなぁ。姉ちゃんが店にやって来て『今日1日、私に付き合ってくれない？　なんだか、今日はロレンツォが忙しいみたいなのー。ちゃんとお礼もするから、いいでしょう？』と言ってきたんだ。俺はそれを引き受けたってわけさ」

「レオンくん。クラリーチェさんって、ロレンツォさんの何なの？」

「ああ、ロレンツォ兄ちゃんの婚約者さ」

「え——っ！　そうだったんだ……」
「ルカ、そう肩を落とすなって」
　レオンくんは相変わらずフォークとナイフをガチャガチャさせながら、慰めの言葉を言った。
「あれ〜。ルカくん、元気がないわねぇ。何か落ち込むことでもあったのかしら？」
　席に戻ってきたクラリーチェさんは、微笑みながら僕の顔を覗き込んだ。
「い、いえ。別に……」
「もう、この超有名な"深窓の令嬢"が生まれて初めて外に出てきて、君たちに逢いに来たというのに、暗い顔するなんて〜。プン、プン」
　うーん、"深窓の令嬢"ってもっとおとなしい人のことだと思うんだけどなぁ……。
「ふ〜っ、おなかいっぱい。こんなにおいしい卵料理を食べたの、生まれて初めてだわ。ごちそうさま」
　クラリーチェさんは、すべての卵料理を平らげて満足そうだった。
「あっ、私ね、生まれてから一度もお金とか持ったことないの。ルカくん、払っておいてね」
　……食事代を払うのも仕事のうちだよね。
　レオルカ商会のお金を使うことにしよう。
　僕はレオルカ商会の財布から代金を支払って、先にお店を出た２人の後を追いかけた。
　なんだか、会社のお金で飲み食いをする悪い大人になった気分だ。

　このときの僕は、今日がとんでもない復活祭になろうとは夢にも思っていなかった。

第5話
たまごの国の夢の1日（後編）
~決算書の話~

1

「ふーっ、ようやく眠ってくれたぜ」

レオンくんは大きく伸びをして、椅子に深々と座り直した。

ここは、エッグランド大聖堂へと続く大通りに面したオープンカフェ。

僕の右には疲れ果てたレオンくんが、左には同じく疲れ果てて眠ってしまったクラリーチェさんがいる。

「これからどうするの、レオンくん？　もう4時だけど、いつまでクラリーチェさんに付き合うつもり？　これじゃ、身体(からだ)がもたないよ～」

僕もすっかり疲れ果てていたのだ。

朝食を食べた後、クラリーチェさんが「街で買い物がしたい」と言うからエッグランド中のお店を回って買い物をし、「花畑が見たい」と言うから郊外にあるスミレがいっぱいに咲く丘陵に行き、「大都会が見たい」と言

うから隣街の"花の都"フィレンツェまで行ってきたのだ。
　この調子だと次は「海が見たい」とか言い出して、港町ヴェネチアまで行くハメになるんじゃないだろうか。とても、１日で行ける距離じゃないけどね。
　それにしても、クラリーチェさん、本当に楽しそうにしていたなぁ……。

「ルカ。おまえ、身体がもたないとか言っているが、本当は結構楽しかったんじゃないのか。なんだかいつもよりニコニコしているしな」
　レオンくんは小さなことまで観察している人なので、僕の考えていることなどお見通しなのかもしれない。
「うっ!?　そ、そういうレオンくんこそ、今日はやけに張り切っているじゃない。さっきもクラリーチェさんにシャーベットとか買ってあげていたし———」
「そっ、そっ、それくらい当然だろう！　相手は令嬢なんだからな。ルカ、そんなことより帳簿をつけろよ、帳簿を。これも商売なんだからな。取引をしたら、すぐに帳簿をつける！」
　レオンくんはちょっとうろたえながら僕に命令した。
「仕訳帳なんて持ってきてないよ〜」と言うと、「ちゃんとここにあるぜ」とレオンくんが大きな白い布袋から仕訳帳を取り出した。
　レオンくんの大きな袋には、いったい何が入っているんだろう？

　さて、僕はカフェのテーブルに仕訳帳を開いて、さっそく仕訳を書くことにした。

ええっと、今までに使った食事代や買い物代、馬車代などは全部で200フローリンだから、

4月15日現在　　　　🧍 **自分**　　　　　　🧍🧍 **他人**

　　　　　　　　　　　？　　　200　　　　　現金　　200

(単位：フローリン)

　あれっ？　現金の支払いだから🧍🧍 **他人** は"現金"で合っていると思うけど、🧍 **自分** はなんだろう？
　別に商品とか仕入れたわけじゃないから"商品"にするのはおかしいし……。
　「レオンくん、この場合🧍 **自分** はどうしたらいいの？」
　「ん？　そっか、これまでこのケースはなかったもんな。このケースのように、商品を仕入れたわけじゃない場合は、🧍 **自分** に**費用**を書くんだ」
　「ひよう？」
　「そう、『費用』だ。商売をしている場合、仕入れ以外でもお金がかかることがあるだろう。そういった自分の・努・力・のことを、簿記の世界では『費用』という形で表現するんだ。そして、その努力の結果生まれる他人への成・果・のことを**収益**という形で表現するんだ」

> **簿記・経理知識㉑**
> 『費用』──── 自分の"努力"
> 『収益』──── 他人への"成果"

　「じゃあ、『費用』『収益』の仕訳を具体的に書いてみようか。たとえば俺たちが宣伝をたくさんして、街の人

第5話　たまごの国の夢の1日（後編）　〜決算書の話〜

にお芝居を見せてチップをもらう、という商売をするとしたらこうなるな」

『費用』

(×月×日)	🧑 自分		👥 他人	
	宣伝費	50	現金	50

(単位：フローリン)

『収益』

(×月×日)	🧑 自分		👥 他人	
	現金	100	売上	100

(単位：フローリン)

「宣伝という努力は"宣伝費"という科目で表すんだね」

「街の人からもらうチップが成果なんだが、これは"売上"という科目で表せるんだ」

「ねぇねぇ、じゃあ結局いくら得したのかなぁ？」

「いくら得したか、というのは簿記の世界では**利益**と言うんだ。『収益』から『費用』を引いたのが『利益』だ」

「この例だと収益100ー費用50＝50だから、『利益』は50だね」

「会社が大きくなるにはこの『利益』が必要なんだから、よく覚えておくんだぜ」

簿記・経理知識㉒　『収益』ー『費用』＝『利益』

「ちょっと待って。これまで僕たちが儲かったときに仕訳で使っていた"商品販売益"はいったい何なの？」

「あれも『利益』さ。『収益』から『費用』を引いた純粋な儲けの部分が"商品販売益"だったからな」

僕はレオンくんの書いた仕訳を見ながら、ふと気がついた。

「ねえ、レオンくん。いま気がついたんだけど、"売上"も"商品販売益"もどっちも 👥他人 だよね。もしかして、『収益』は全部 👥他人 に書くの？」

「そうだ。『収益』は他人と取引することで初めて生まれるものだからな。逆に『費用』は自分たちが出す出費だから全部 👤自分 さ」

(注) 商品勘定分記法と三分法の話
商品の売買取引を仕訳する際には、商品勘定と商品販売益勘定を使う「商品勘定分記法」と、商品勘定を売上勘定・仕入勘定・繰越商品勘定の３つに分割して使う「三分法」があります。
これまでルカくんたちは「商品勘定分記法」を使っています。
（125ページ参照）

> **簿記・経理知識㉓**
> 『費用』は自分たちが出す出費だから 👤自分。
> 『収益』は他人と取引することで初めて生まれるものだから 👥他人。

「それに『収益』があるときって、お金がプラスになるだろう。現金がプラスのときは現金を 👤自分 に書くんだから、反対科目の『収益』は当然 👥他人 になる」

(注) 詳しくは121ページ以降で説明します。

👤自分	反対科目	👥他人
現金　100	→	収益　100

（単位：フローリン）

> 簿記・経理知識㉔　現金がプラスになるから反対科目の『収益』は 👥他人 。

「じゃあ今回の場合、👤自分 にくる『費用』は実際なんていう科目で書けばいいの？」
「そうだな。『費用』には給料のほかに支払手数料、交通費、光熱費なんていうのがあるが、今回の場合、俺たちが接待してやっているんだから"接待費"でいいんじゃないか」

4月15日	👤自分		👥他人	
	接待費	200	現金	200

（単位：フローリン）

「ルカ、姉ちゃんと付き合いたいんだったら、交際費でもいいんだぜ」
「レオンくんったら、うるさいなーっ！」

2

「クラリーチェさん、起きてください！　もう1時間も寝ていますよ」
　クラリーチェさんは心地良さそうに眠っていたんだけれど、さすがに長いので僕はいいかげん起こすことにしたのだ。
「むにゃ、むにゃ……私、1時間も寝ていたの？」

クラリーチェさんは眠そうな顔を上げた。
「病気なのに1日中動き回ったから、きっと疲れたんですよ。もう帰りましょう。僕らが今ロレンツォさんを呼んできますから」
　僕はロレンツォさんを呼びに行くために席を立とうとした。
「待って！　ロレンツォは今日は忙しいから、たぶん見つからないわ。それよりも、私、最後に1つ行きたいところがあるの」
「行きたいところってどこなんですか？」
「そ・れ・は・ね」
　と言いながら、クラリーチェさんが嬉しそうに指差したのは、エッグランドのシンボル"エッグランド大聖堂"だった———。

　———僕らがエッグランド大聖堂に着くと、そこは大勢の人で賑わっていた。
　それもそのはず、今日は復活祭のミサがあるからだ。
　大聖堂周辺も含めると、ざっと1万人はいるだろうか。
　エッグランド国民のほとんどが集まっているのだろう。
「クラリーチェさん、復活祭だからミサに行きたかったの？」
「まあ、そうね。今日は人が多いから、都合がいいのよ」
「人が多いから都合がいいって、いったい……。あっ、クラリーチェさん！　先に行かないでください！」
　クラリーチェさんは僕やレオンくんをおいて、大聖堂の中のほうへ先にどんどん入っていってしまった。

「ルカ。とりあえず、姉ちゃんの後についていくぜ。これから、何が起こるかわからないからな———」
　レオンくんは何かを知っているような口ぶりで、そう言った。

「ねぇ、レオンくん、ルカくん。この大聖堂の塔の上に出るには、どうしたらいいかわかる？」
　大聖堂の中に入ったクラリーチェさんは、小声で尋ねてきた。
　大聖堂では美しい賛美歌が響き渡る中、荘厳なミサがとり行なわれている。
「クラリーチェさん、どうしてそんなことを聞くんですか？　部外者は上には行けませんよ。第一、上には白いベルぐらいしかないですし」
「大聖堂の白いベルかぁ———遠くから音色は聴い

ていたけど、私、実際に見たことはないのよねぇ。とにかく、人が立てるスペースはあるのね。じゃあ、どこかに上に昇る階段があるはずだわ」
　クラリーチェさんは大聖堂の中を見渡した。
　「あっ、あったわ。ほら、大祭壇の右横。そこにドアがあるでしょう。たぶん、あの奥に上に昇る階段があるのよ。さあ、行きましょう！」
　クラリーチェさんは今にも走り出しそうだった。
　「ちょ、ちょっと待ってください。今は大事なミサの途中ですよ。その中を勝手に動いたりしたら迷惑ですよ」
　僕は必死にクラリーチェさんを止めようとした。
　しかし、
　「ルカ、行こうぜ。今日は復活祭、言ってみればお祭りだろう。ちょっとくらい騒がしたって、神様は大目にみてくれるさ」
　レオンくんはそう言うと大きな白い布袋を担いで、クラリーチェさんとともに大祭壇のほうへ走り出してしまった———。

　「ふ～っ。思いっきり走った後に階段を昇るなんて、ほとんど拷問ね～」
　僕らは今、大聖堂の上にある塔へと続く螺旋階段を昇っている。
　クラリーチェさんが大聖堂のど真ん中を走り抜けたものだから、下では騒ぎが起こっているようだ。
　一応、ドアの内側から鍵をかけ、なおかつ、レオンくんが"卵爆弾"というものを例の大きな白い布袋から取り出し、階段のあちこちに仕掛けていたので、しばらくは誰も追って来られないだろう。

こんな騒ぎまで起こして、いったい何をするつもりなの？
　レオンくん！　クラリーチェさん！

3

「もう、疲れたわ〜。ルカくん、おんぶしてよ〜」
　クラリーチェさんは階段の途中でへたり込んでしまった。
「え、えっ!?　そんなこと急に言われても……」
　どうしよう……僕はかなりドキドキしていた。
「うふっ！　冗談よ。やっぱり、自分の夢は自分の力でかなえなきゃね」
　クラリーチェさんは再び立ち上がって、階段を昇り出した。
　自分の夢？
　クラリーチェさんは上に昇ったら、いったい何をしようというのだろう？

　数分後、僕らはついに一番上までやって来た。
　夕日が目にまぶしい。
　そこには、とても大きな白いベルがあった。
　スペースは狭く、３人が立つのがやっとだ。
　でも、エッグランドで一番高い場所だからだろう、この場所からは夕日に染まったエッグランド全土を見渡すことができる。
　もしかしたら、エッグランドはおろか、イタリア中が見渡せるのかもしれない。

「すっごくいい眺めだわ。やっほ———。……あれ、こだまが返って来ない？」

「当たり前です。ここは山じゃありません！」

「えへへっ。そうね、まあいいわ。ここなら、私の夢もかなえられるから———」

　その頃、下では大聖堂の塔の上に女性と少年２人が立っているということで、大騒ぎになっていた。

　そりゃそうだろう。

　普通は僧侶しか立たない場所に、きれいな女性と少年が立っていたらみんな驚くに違いない。

　それに、今日は復活祭のために大勢の人がここに集まっている。

　そのためますます騒ぎが大きくなっているようだ。

「みんな、こっちを見ているわね。———レオンくん、例のアレを出してくれない？」

　クラリーチェさんはみんながこちらを注目してい

とを、むしろ喜んでいるようだ。
「ああ、ちょっと待ちな」
そう言うと、レオンくんは大きな白い布袋の中から、１つの"絵の卵"を取り出した。
その卵には赤・オレンジ・ピンクといったカラフルな色彩が施されていた。
「レオンくん、これっていつも売っている絵の卵じゃない。これをいったい、どうするの？」
僕は問いかけた。
「ルカ、これはいつもの絵の卵じゃないぜ。これはロレンツォの兄ちゃんが俺に頼んでいたプレゼント用の特製卵だ。さあ、姉ちゃん。今こそ夢をかなえな！」
レオンくんはカラフルなその卵をクラリーチェさんに手渡した。
「———ありがとう」
クラリーチェさんはそうつぶやくと、受け取った卵に口づけをして、空高く放り投げた。
「みんなに、私からのプレゼントよ！」
卵はきれいな放物線を描きながら、僕らを見上げていた大勢の人の中へと吸い込まれていった。
それから、レオンくんは大きな白い袋からカラフルな卵を次々取り出して、クラリーチェさんに渡した。
クラリーチェさんは、その卵を下の人々に投げ込みつづけた。
投げている卵はいったい何なんだろう。
生卵？　ゆで卵？　それとも、あの卵爆弾!?
卵を投げ込まれた下の人々はいったいどうなってしまっているのだろう……だいたい僕らはいったい何をやっているんだ……!?

4

———しかし、しばらくして僕の耳に入ってきたのは意外な声だった。
「やったー！　チョコレートだ！」
えっ!?
「あーっ、これはアメだー。わーい、おいしいなー」
「こっちはイチゴキャンディーよ。これだって、おいしいんだから」
「ボクのはイチゴ味のチョコレートだ。とってもあまーい！」
子供たちのキャッキャッと騒ぐ声が上にまで聞こえてきた。
どうやら上から降ってきた卵を、子供たちが取り合っているらしい。
僕は目を丸くしたまま、上からその様子を眺めていた。
「何なの、これはいったい……」
「ルカくん、これまで黙っててごめんね。これ、私からルカくんへのプレゼント！」
クラリーチェさんは僕の手を取って、カラフルな卵を手のひらに載せてくれた。
「ありがとうございます……」
僕は卵をまじまじと見てみた。
よく見ると、真ん中に大きな切れ目が入っている。
僕はその切れ目に沿って卵をパカッと割ってみた。
すると、そこから白いアメ玉が転がり出たではないか。
「えっ、お菓子!?」
卵の中から出てくるのはヒヨコか黄身くらいしか想像していなかった僕にとって、これは驚きだった。

「ふふっ、面白いでしょう。さあ、食べてみて」
　僕は白いアメ玉を手に取り、ほおばってみた。
「おいしい！」
　クラリーチェさんの嬉しそうな笑顔のせいだろうか。そのアメは本当においしかった———。

　クラリーチェさんは再び塔の外に向かって、お菓子の入ったカラフルな卵を投げだした。
　そして、下からは子供たちの歓声がまた聞こえてきた。
「わーい、わーい。マリア様とサンタさんからのプレゼントが空から降ってきた！」
　えっ、マリア様？　サンタさん？
　たしかに、クラリーチェさんはきれいだからマリア様に見えるかもしれない。
　でも、サンタさんって？
　僕は横でクラリーチェさんに卵を渡しつづけているレオンくんをもう一度よく見てみた。

夕日に照らされて赤く見える服。
肩に担いだ大きな白い布袋。
これじゃ、サンタクロースに見えても仕方がない。
きっと、子供たちにとってはクリスマスも復活祭も関係ないのだろう。
……待てよ。
クラリーチェさんがマリア様で、レオンくんがサンタクロースなら、僕はいったい何なんだ？
もしかして、トナカイ？

「———パカッと割るとお菓子が出てくる卵って、レオンくんが考えたの？」
「いや、発案者は姉ちゃんさ。自分の力で子供たちを喜ばせることが姉ちゃんの夢だったんだとよ。だから、姉ちゃんは子供たちが喜びそうなプレゼントを考えて、それを作ってくれるようにロレンツォの兄ちゃんに託したんだってさ。で、結局俺が作ることになったってわけ」
レオンくんはクラリーチェさんに卵を渡しながら言った。
「でも、うちは卵ならいっぱい準備できるけど、お菓子はいったいどうしたの？」
「それは、姉ちゃんが病身をおして作ったんだよ。心を込めてな———」
そうしているうちに、布袋の中の数百個はあった卵がすべてなくなってしまった。
クラリーチェさんは子供たちの笑顔を嬉しそうに上から眺めていた。

「姉ちゃん、お疲れ。これで、姉ちゃんの夢はすべて

かなったか?」
　レオンくんは大きな白い布袋をたたみながら、クラリーチェさんに尋ねた。
「ええ。病気で一度も城外に出られなかった私が街でおいしい料理も食べられたし、お買い物もできたし、きれいな花畑も見られたし、子供たちの笑顔ももらえたし!」
　きらきらと瞳を輝かせながらクラリーチェさんは答えた。
「そうか、夢はすべてかなったか……。じゃあ、もうあっちの世界に行くのか?」
　あっちの世界?
　何を言っているの、レオンくん?
「え～っ、やっぱりバレちゃってたんだ。いやだわ、レオンくんったら人が悪いんだから。わかってたなら早く言ってよ～」
　はっ? クラリーチェさんも何を言っているの?
「じゃあ、私、もう行かなきゃね。今日はありがとう、レオンくん、ルカくん」
　クラリーチェさんの身体が夕闇にまぎれてちょっと見えなくなってきた。
　いや、夕闇のせいじゃない!
　本当に、消えかけている!!
「それじゃ、元気でね。バイバイ———」
　クラリーチェさんは僕らに向かって微笑みながら、あたりが暗くなるのと同時についに消えてしまった……。

　カーン、カーン、カーン、カーン……
　白いベルが高らかに鳴り響いた。

レオンくんが鳴らしてくれた鐘だ。
　とてもきれいな澄んだ音色が、エッグランド中に響き渡った———。

5

　———夜になった。
　祭りの後はとても寂しい。
　それも一緒にいた人がいなくなったら、なおさらだ。
「ルカ、これからどうする？」
　店に帰るとレオンくんが最初にこう切り出した。
「そうだね。とりあえず、この国にはもういられないね。こんなに大きな騒ぎを起こしちゃったもんね。お店をたたんで、また旅に出ようよ」
　そう、死傷者は出なかったものの、神様を侮辱したということで、僕らに対する非難が街の大人たちから出ているのだ。
　ロレンツォさんに頼めば何とかなるだろうけれど、ロレンツォさんに迷惑をかけるのも僕らはいやだった。
「———すまないな、ルカ」
「レオンくんが謝ることじゃないよ。それにしても、レオンくんは初めから全部わかっていたの？　クラリーチェさんが実はもう死んでいたということも……」
「ああ。昨日、ロレンツォさんの元に使者が来ただろう。そのときの口の動きでわかったんだ。姉ちゃんの容態が急変したってことをな」
「そうなんだ……。でもどうして、本当のことを僕に話してくれなかったの？」

「だって本当のことを話したら、ルカは幽霊に関わるのは怖いからやめろって言うかもしれないだろ」

「まあ、そうかもしれないけど……。でも、どうして今日のクラリーチェさんの依頼を引き受けようと思ったの？　僕らに商売を勧めた人だから？　ロレンツォさんの婚約者だから？　それとも、幽霊を怒らせると怖いから？」

「あははっ。俺は別に幽霊なんか怖くないぜ。ただ単に、俺は世界中の夢見る女性の味方なのさ。ちょっと、願いをかなえてあげたくなっただけだ」

……レオンくん、それはちょっとかっこ良すぎる気がするんだけど。

「レオルカ商会も今日で終わりだ。じゃあ、最後の仕事に取りかかるぜ」

「最後の仕事？」

「ああ、『損益計算書』と『貸借対照表』を作るんだ。これらを見れば、会社の営業成績や経営状態がわかるんだぜ。普通は**決算**(けっさん)といって1年に1回これらを作るんだが、会社をつぶすときも作る必要があるんだ」

> 簿記・経理知識㉕　**会社は最低年に1回、『決算』を行ない『損益計算書』と『貸借対照表』を作る。**

「それで、どうやってその『損益計算書』と『貸借対照表』を作るの？」

「これらは『試算表』から作るんだよ。だからまず『仕訳帳』から『総勘定元帳』を作って、それを使って

『試算表』を作ってくれ」

僕はとりあえず『仕訳帳』から今日の分の仕訳を『総勘定元帳』に反映させて、その『総勘定元帳』の今日の最終残高から『試算表』を作った。

4月15日現在の『試算表』

自分		他人	
現金	2000	借入金	800
商品	200	資本金	200
接待費	200	商品販売益	1400
計	2400	計	2400

(単位：フローリン)

「僕らの財産は 自分 を見ればいいんだから、現金2000フローリンと商品の売れ残り200フローリン分が、僕らの財産なんだね」

（注）この「試算表」は76ページの「試算表」と88ページの仕訳から作られています。

「そうだ、俺たちの財産さ。簿記の世界だとこれらを**資産**っていうんだ」

「じゃあ、この接待費200フローリンも僕らの財産なの？　何も手元に残っていないけど」

「ルカ、接待費で使ったものはすでに手元にないだろう。だから『資産』じゃなくて『費用』になるんだ」

> 簿記・経理知識 ㉖　**会社の財産は『資産』。**

「でも、なんだか変な感じがするんだけど」
僕はレオンくんの説明に納得がいかなかった。

「『資産』も『費用』も同じ 自分 なんでしょう。でも、『資産』は物を買ったっていうプラスのイメージがあるのに、『費用』のほうはお金を使ったっていうマイナスのイメージになっちゃうんだけどなぁ……」

「そのイメージは捨てたほうがいいぜ」

レオンくんはきっぱりと言った。

「たしかに『費用』はお金を使っているが、『資産』だってお金を使って物を買っているだろう。どちらもお金を使ったことに変わりはないから 自分 なのさ。『資産』と『費用』との違いは、『資産』の"商品"は将来自分が必要になるから支払ったもので、『費用』の"接待費"は今自分が必要だから支払ったもの、っていうだけの違いなんだよ。つまり、＜将来のため＞か＜今のため＞かの違いなのさ」

> 簿記・経理知識 27
> 自分 のうち＜将来のため＞なら『資産』。
> 自分 のうち＜今のため＞なら『費用』。

「 他人 の"商品販売益"は簿記の世界では『収益』なんでしょう？ だったら、"借入金"や"資本金"は簿記の世界でなんていう名称なの？」

「"借入金"は『負債』って言うんだ。一方、"資本金"は『資本』と言う……まあ、そのままだな。『負債』と『資本』はどちらも『資金源』を表しているんだが、2つの違いは、他人から借りているか、もらったかの違いだ」

> **簿記・経理知識㉘** 同じ『資金源』でも、
> 他人から借りていたら『負債』。
> 他人からもらっていたら『資本』。

「つまり、👥他人 には『資金源』と『収益』があるんだね」

「そう、試算表は大きな枠組みでいうと👤自分 の『資産』『費用』、👥他人 の『資金源』『収益』、全部で4つのグループからできているんだ。そして、すべての科目はこの4つのグループのどれかに含まれるのさ」

> **簿記・経理知識㉙** 試算表は👤自分 の『資産』『費用』、👥他人 の『資金源』『収益』という4つのグループからできている。すべての勘定科目はこの4つのグループのどれかに分類される。

「だったらもしかして👥他人 のほうも、＜将来のため＞に他人がくれたものが『資金源』で、＜今のため＞に他人がくれたものが『収益』？」

「ああ、そうさ。会社は設備投資や新規出店といった＜将来のため＞に『資金源』を使うべきで、ふだん支払う材料費や給料といった＜今のため＞に使うお金は、日常的に入ってくる『収益』から支払うほうがいいからな。まあ、あくまでも理想なんだけどな」

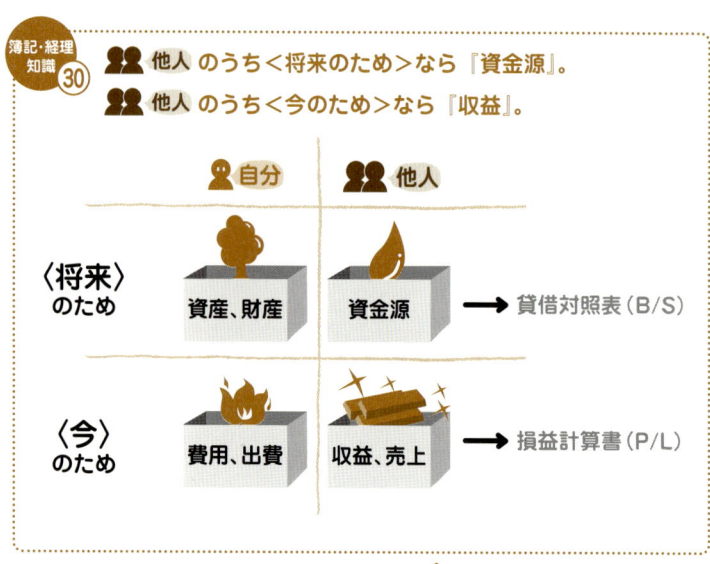

> **簿記・経理知識 ㉚**
> 👤👤 他人 のうち〈将来のため〉なら『資金源』。
> 👤👤 他人 のうち〈今のため〉なら『収益』。

	👤 自分	👤👤 他人	
〈将来〉のため	資産、財産	資金源	→ 貸借対照表（B/S）
〈今〉のため	費用、出費	収益、売上	→ 損益計算書（P/L）

（注）試算表（決算書）の中身を、「🌳資産」「💧資金源」「🔥費用」「✨収益」の4つの箱にみたてる考え方は、前著『女子大生会計士の事件簿 世界一やさしい会計の本です』で詳しく解説されています。

「ちなみに4グループと 👤自分 と 👤👤他人 の関係は、現金との関係で覚えてもいいぜ」

> **簿記・経理知識 ㉛**
> 『資産』『費用』は現金がマイナスになるから 👤自分 。
> 『資金源』『収益』は現金がプラスになるから 👤👤他人 。
> ただし、『資産』のうち現金だけは逆の動きをする（プラスのとき 👤自分 、マイナスのとき 👤👤他人 ）。

「現金だけは特別なんだね」
「ああ、そう覚えていたほうがいいな———そして4

グループのうち、＜今のため＞に支払ったりもらったりする 👤自分 の『費用』と、👥👥他人 の『収益』を抜き出して作るのが『損益計算書』だ」

「どうしてわざわざ『費用』と『収益』を抜き出して作るの？」

「その名のとおり、『損失と利益がわかる計算書』を作るためさ。これを見れば、スタートしてから今までの取引の全成績結果がわかるようになっているんだ。まあ、会社の通信簿みたいなもんだな。とりあえず、俺が作ってみるぜ」

4月2日から4月15日までの『損益計算書』

👤自分		👥👥他人	
『費用』接待費	200	『収益』商品販売益	1400
当期純利益	1200		
計	1400	計	1400

（単位：フローリン）

（注）この「損益計算書」は101ページの「試算表」から作られています。

「へえ、これでこれまでの経営成績がわかるんだ。何なの、この『収益』から『費用』を引いて出した**当期純利益**っていうのは？」

「"当期純利益"は、この集計期間の利益を示すんだ。普通、企業は集計期間が1年だから、その場合当期純利益は1年間の利益ってことになるな。俺たちの場合、2週間だがな……」

> **簿記・経理知識 ㉜** 『損益計算書』は＜今のため＞に支払ったりもらったりする『費用』と『収益』から作られる。
>
> これにより会社の経営成績がわかる。
>
> 『費用』と『収益』の差額は"当期純利益"という。

「"当期純利益"が俺たちの活動の成績結果さ」

「なるほど。僕らはこの2週間で1200フローリンも儲けた、ということだね」

「じゃあ、次に＜将来のため＞に支払ったりもらったりする 自分 の『資産』、他人 の『資金源』から『貸借対照表』を作るぜ。『貸借対照表』を見れば、会社の財産やその資金源、いわゆる財政状態がわかるんだ」

4月15日現在の『貸借対照表』

自分		他人	
『資産』現金	2000	『資金源(負債)』借入金	800
『資産』商品	200	『資金源(資本)』資本金	200
		?	1200
計	2200	計	2200

（単位：フローリン）

「レオンくん、なんなの 👥他人 の『"？" 1200フローリン』って」

「何だと思う？ この1200フローリンがなきゃ 👤自分 と 👥他人 が一致しないが、この1200フローリンという金額に聞き覚えはないか？」

「あっ、もしかして『損益計算書』にあった"当期純利益"1200フローリンのこと？」

「正解だ。"当期純利益"は自分たちが商品を売ってもらったお金だろう。だから、『資金源（資本）』になるんだ」

「自分たちが借りたんじゃなくて、もらったお金だから『資本』になるんだね」

(注) 下の「貸借対照表」は101ページの「試算表」から作られています。

4月15日現在の『貸借対照表』

👤自分		👥他人	
『資産』現金	2000	『資金源（負債）』借入金	800
『資産』商品	200	『資金源（資本）』資本金	200
		『資金源（資本）』当期純利益	1200
計	2200	計	2200

(単位：フローリン)

> **簿記・経理知識 33**　『貸借対照表』は＜将来のため＞に支払ったりもらったりする『資産』と『資金源』から作られる。
> これにより会社の財政状態がわかる。

「『試算表』を２つに分けたのが『損益計算書』と『貸借対照表』なんだね(注)」

(注) 104ページ参照

「そう。＜今のため＞に経営成績を見るのが『損益計算書』で、＜将来のため＞に財政状態を見るのが『貸借対照表』ってわけだ」

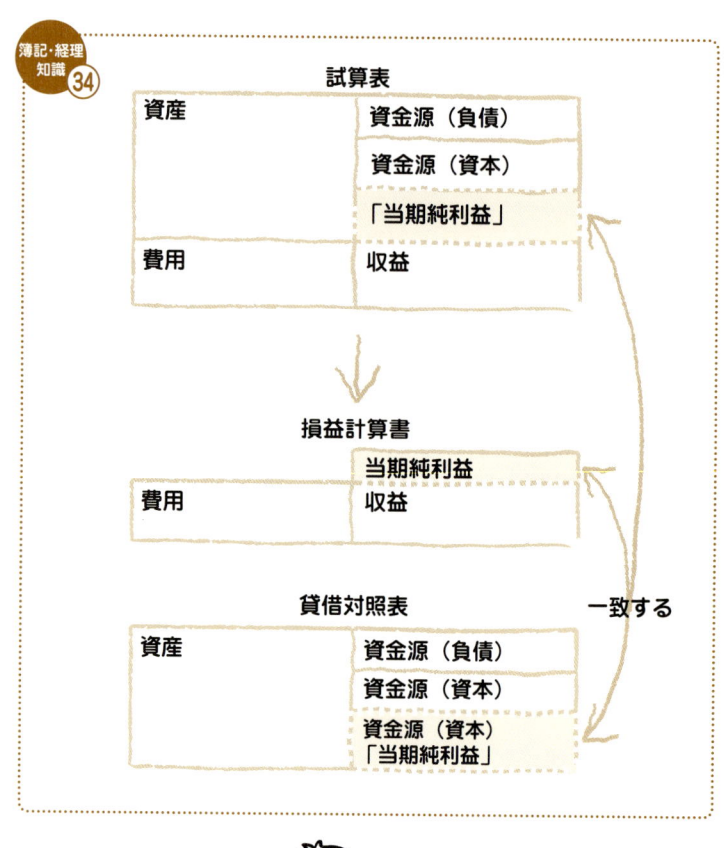

簿記・経理知識 34

試算表

資産	資金源（負債）
	資金源（資本）
	「当期純利益」
費用	収益

↓

損益計算書

	当期純利益
費用	収益

貸借対照表

資産	資金源（負債）
	資金源（資本）
	資金源（資本）「当期純利益」

一致する

「この 2 つの書類を見たら、一目で僕らの活動の結果や財産・収入の原因もわかるんだね」
「一目で原因と結果がわかる、それがこの『複式簿記』の最大の特徴だったのさ」

6

「『損益計算書』も『貸借対照表』もできたね。これで、すべてが終わったの？」
「そうだな、後は借りたお金をコトルーリおばさんやロレンツォの兄ちゃんに返さなきゃな。そういえば、まだ 1 フローリンも配当金を払ってないしな」
「配当金？」
「資本金を出してくれた人に対して儲かったお金を山分けするのさ。会計上は利益から支払われる。俺たちの場合、当期純利益1200フローリンをコトルーリおばさんとロレンツォの兄ちゃんに支払わなきゃな」

> 簿記・経理知識 ㉟ 配当金とは、資本金を出してくれた人に対して儲かったお金を山分けすること。
> 会計上は『利益』から支払われる。

「そもそも今回の場合は、会社をつぶしてしまうから清算手続だな。出資してもらったお金や借金したお金を返していく手続を行なうのさ」

（———その必要はないわよ）
誰？

誰か何か言った？

　僕もレオンくんも何も言っていない。

「やっほ〜。私よ、私。レオンくん、ルカくん、こんばんは」

　その声が聞こえたのと同時に、薄闇の外からボヤッとした人間の輪郭が現れた。

　その姿は……もしかして、クラリーチェさん？

「姉ちゃん！」

「クラリーチェさん!?　どうしたんですか、いったい。天国に行ったんじゃなかったんですか!?」

　その姿はたしかに、昼間の姿と変わらないクラリーチェさんだった。

「へへぇ、おかげさまでね、ちゃんと天国には行けたわよ。でもね、今日１日は地上にいていいって。なんていったって、今日は復活祭だからね」

クラリーチェさんは昼間と変わらない笑顔だった。
「だからね、さっきロレンツォにも逢ってきたの。なんだか、私のお葬式の準備で忙しそうだったけど、私に"夢がかなって良かったな"って言ってくれたわ」
　クラリーチェさんは本当に嬉しそうに言った。
　でも、これじゃとても幽霊には見えないなぁ。
　……まあ、いいか。今日は1日中こんな感じだったし。
「そうですか、良かったですね。それで、僕たちが店を閉める必要はないっていうのは、どういうことなんですか？」
「あのね、天国に行ったとき、ついでに神様にお願いしてきたの。今日あった出来事をすべて夢にしてくださいってね。夢ならば、街のみんなも今日の出来事は忘れてしまうし、レオンくんやルカくんにも責任は及ばないでしょう？」
「なるほど、夢にしてしまうんですか……」
「ねっ、これで何の心配もなくお店を続けられるでしょう。そうそう、あと私、今日1日付き合ってくれたお礼をするのを忘れていたの。ごめんね」
「い、いや、お礼だなんて……」
「いいのっ。お礼ってことで、神様へのお願い事があれば私が言ってきてあげるんだけど。まずは、ルカくん。何かお願い事はない？」
　突然そんなことを聞かれたので、僕は戸惑ってしまった。
「ええっと、えーっとですねぇ。そうだ、僕、『複式簿記』の本を書きたいんです。なんでも、まだ複式簿記についてまとめた本は1冊もないらしいですから。だから、本が書けるくらいになるまで長生きできるように神様に

お願いしてくれませんか？」

「わかったわ。ルカくんならきっとできるわよ。頑張ってね。それじゃあ、レオンくんは何かお願い事はない？」

「そうだなぁ。俺は自由に生きていけたら、それだけでいいんだけどな。絵を描いたり、自然を観察したり、道具を発明したり……いろんなことができたらそれでいいよ。俺は自由に生きていくからそれを見守っていてくれ、と神様に伝えておいてくれ」

「ふふっ、レオンくんらしいわねぇ。そう伝えておくわ」

クラリーチェさんはニコニコ笑っていた。
僕らもニコニコ笑っていた。

しかしそのとき、僕はあることに気づいてしまった。

「ちょっと待ってよ、クラリーチェさん！　そういえば、今日あった出来事をすべて夢にして、と神様にお願いしたんでしょう。今日の出来事すべてが夢になったら、僕たちが一緒に過ごしたクラリーチェさんとの１日もすべて夢になっちゃうの!?」

「———そうなるわね。明日になればうろ覚えになって、２・３日たてばすっかり忘れてしまうんじゃないのかな。夢の中の出来事ってそういうものだし……」

クラリーチェさんは、ちょっと悲しそうに言った。

「そんな……そんなの悲しいよ！　僕、いやだよ。レオンくん、何とかならないの！」

「夢になるのなら、どうしようもないな。紙に今日の出来事を書いたところで、夢の話を書いたにすぎないしな。現実にあったことだとは、きっと思わないだろう」

「レオンくん、そんな冷静に分析しないでよ！　もうちょっとちゃんと考えてよ!!」
「そうだな……あっ、そうか！」
レオンくんはポンと手を打った。
「姉ちゃん、あとどのくらいこの世にいられるんだ？」
「そうねぇ、12時までだからあと30分かしら」
「30分もあれば十分だ───」
そう言うと、レオンくんは店の奥から画用紙と絵筆を持ってきて、画用紙にクラリーチェさんの姿を描き出していった。
　───真っ黒な服に、長い黒髪、黒い瞳。
　そして、優しい微笑を浮かべた美しい白い顔───。

　12時まであと1分というところでレオンくんは筆を置いた。
「ふーっ。ここまでできればいいだろう」
　画用紙には下書きしかできていなかったが、そこにはたしかにクラリーチェさんが描かれていた。
「レオンくん。こんなに素敵な絵が残れば、僕たちは絶対クラリーチェさんとの出来事を忘れないよね」
　それは本当にきれいで素敵な絵だった。
「最後に、素敵なプレゼントをくれてありがとう。じゃあ、私、行くね。最後の1日は夢になっちゃうけど人生で一番楽しい1日だったわ────」
　クラリーチェさんは微笑を浮かべながら、砂のように跡形もなく消えてしまった────。

エピローグ

4月16日。

僕らを含めて街の人はみんな、昨日の出来事の記憶はあいまいだった。

でも、子供たちは覚えていた。

復活祭の日に、マリア様とサンタさんが不思議な卵をくれたことを。

その卵をパカッと開けると、中からおいしいお菓子が出てきたことを———。

それ以来、毎年復活祭の日には、「イースターエッグ（復活祭の卵）」といって、卵にカラフルな絵を描いたり、

卵型の容器にお菓子を入れるという風習が、世界中に広まっていった。

　僕らのお店『レオルカ商会』はそれからも続いたんだけど、それはまた別のお話。
　コトルーリおばさんのお店も相変わらず繁盛しているよ。
　ロレンツォさんは、その後もメディチ家の当主として街の平和を守りつづけた。
　たとえば街が大飢饉になったときも、自分の財力を最大限に使って大量の穀物を外国から買い取り、人々を飢えから救っている。
　また、世界中の学者や文化人・芸術家を保護し、ルネッサンス文化の発展に尽くしたのもロレンツォさんだ。
　その功績から後世の人たちは、ロレンツォさんのことを「mecenatismo（学芸保護者）」と呼んでいるそうだ。
　僕、ルカこと、ルカ=パチョーリは、大人になって大学の教授になったんだ。
　科目は数学。
　簿記は人気がないから講座がなかったんだ。仕方ないよね。
　でもね、世界最初の複式簿記の解説書『ズムマ』という本もちゃんと書いたんだよ。
　この本は今でも世界最初の簿記の本として使われているそうだ。
　よかった、よかった。

　レオンくんこと、レオナルド（Leonardo）くんの活躍は、みんなも知っているかもしれないね。

ルネッサンスが生んだ万能の天才、レオナルド=ダ=ヴィンチ。
　科学、数学、医学といったあらゆる分野において優れた研究を行ない、数多くの発明品も生んだ。
　もちろん、僕も親友としてレオンくんの仕事を手伝ったんだよ。

　そして、レオンくんは画家としても超一流だった。
　大人になったレオンくんは３年がかりで、１枚の名画を描き上げた。
　―――真っ黒な服に、長い黒髪、黒い瞳。
　そして、優しい微笑を浮かべた美しい白い顔―――。
　その絵画の題は『モナリザ』というんだ。
　この絵画は500年後も名画として生き残り、そのモデルがよくわからないということから、世界一ミステリアスな名画としても有名になっているらしい。
　でも、僕とレオンくんは『モナリザ』を見るたびに、とても楽しかったエッグランドでの夢の１日を思い出すんだ―――『モナリザ』という愛称を持ったクラリーチェさんの微笑とともにね。

完

the end

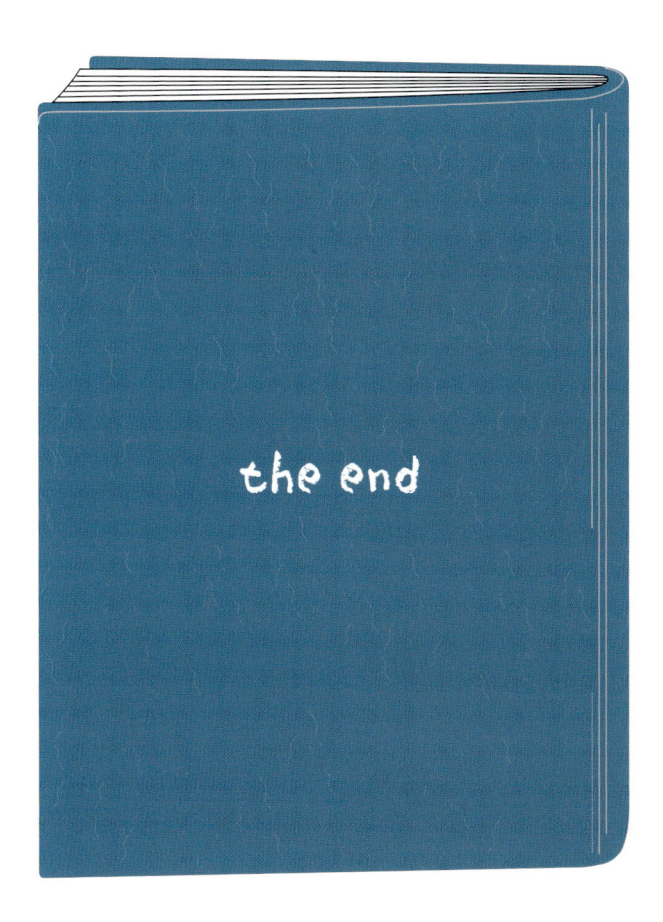

物語のおわりに
～教室にて 2 ～

「どう、読み終わった感想は？」

彼女は目を輝かせながら尋ねてきた。

「そうですね、仕訳の《借方》《貸方》は 自分、 他人 という言い換えで、最後まで説明がつくんですね（P38）」

「それは逆よ。もともと《借りた人》《貸した人》というちゃんとした意味があったんだから、 自分、 他人 と置き換えられて当然なのよ。《借方》《貸方》は単なる記号なんだから無理やり暗記しろ、という人もいるけど簿記の歴史を忘れてほしくないわ」

「それにしても、《借方》《貸方》はいつも左右がどっちだったか迷いますよね───」

これは正直な悩みである。

「それだったら、《かりかた》の『り』と、《かしかた》の『し』は、それぞれ書いた時に字を払う方向が『り』なら左、『し』なら右だから、それで左右を覚える方法もあるわよ」

なるほど。この覚え方は使えるかもしれない。

か**り**かた　か**し**かた

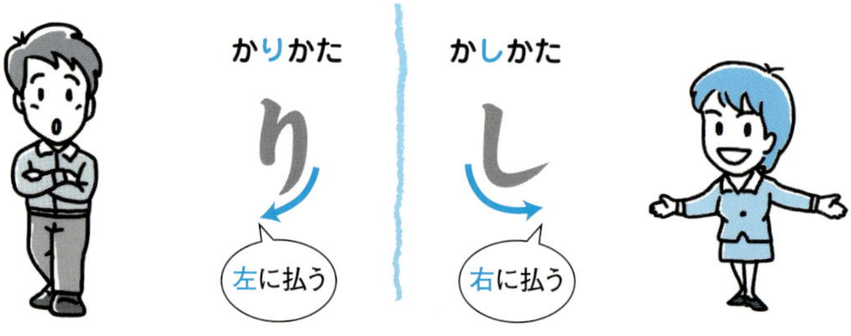

り 左に払う　**し** 右に払う

「あと、＜今のため＞が『損益計算書』で＜将来のため＞が『貸借対照表』だったんですね（P 108）」

「会計の数字自体は過去のものでしかないのよ。でも、過去の数字を組み合わせることで今と将来も見通すことができる、これが会計の利点よ」

そう言われると、『会計』がすごい仕組みのように思えてきた。

「株取引でファンダメンタルズ分析（決算書を読んで分析すること）を支持している人がたくさんいるのも、そういうことなんですね。会社という巨大で複雑な組織を1枚の紙にまとめられるのも会計のすごいところですよね」

「それを可能にしているのは、あらゆるモノをお金で記録しているからよ（P 42）。今でこそ美術品でも財宝でも『お金に換算したらいくら』という考え方をするけど、当時はまだ美術品は美術品で、財宝は財宝のままだからね。貨幣制度が発達するとともに会計が発達したから何でもお金に換算する文化が生まれてきたんじゃないかしら」

「決算書で『原因と結果』もわかるんですよね（P 107～109）」

「だいたい『資金源（負債・資本）』が原因で『資産』が結果、『費用』が原因で『収益』が結果というふうになっているわ。これも先人の知恵の結晶よ」

簿記・経理知識 36

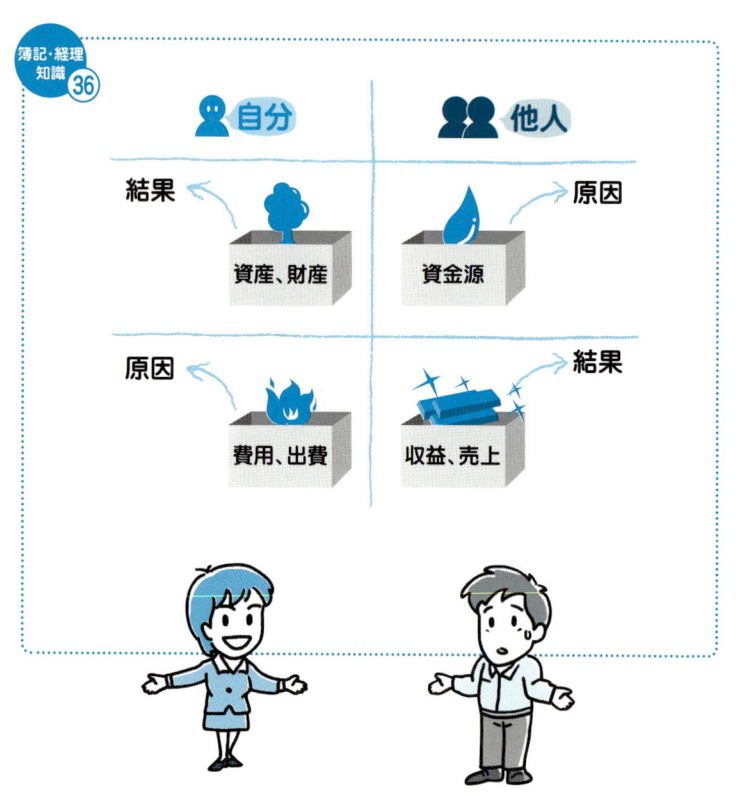

	自分	他人
結果←	資産、財産	資金源 →原因
原因←	費用、出費	収益、売上 →結果

「どう、仕訳を自分で使いこなせそう？」

「うーん。どうしてもややこしいんで、使いこなすというまでにはちょっと……」

「わかったわ。じゃあ、仕訳をマスターするためのとっておきの方法を教えてあげる。仕訳は4つのパターンを覚えるだけでいいのよ」

「ほ、本当ですか？」

簿記の基本の
4つのパターン

　会社で必要なモノは「ヒト」「モノ」、そして「カネ」。

　これらのうち「カネ」の動きさえ押さえられたら、簿記はマスターできるわよ。それ以外は、「カネ」の動きの応用だからね。

　「カネ」の動きは次の4つよ。

> ❶「○○で現金を手に入れる」
> ❷「○○を現金で支払う」
> ❸「○○を現金で買う」
> ❹「○○を現金で売る」

　「カネ」の4つの動きを仕訳の形で暗記できたら、簿記の基本は心配ないわよ。

1 「○○で現金を手に入れる」

①借金で現金を手に入れる　　　自分　　　他人
　　　　　　　　　　　　　　現金 200　　借入金 200

②株式発行で現金を手に入れる　自分　　　他人
　　　　　　　　　　　　　　現金 100　　資本金 100

現金を手に入れる方法としては、「①借金」や「②株式発行」をする方法があるわ。
　借入金や資本金は『資金源』のカテゴリーよ。
　現金は自分の手元に入るから、必ず現金を左に書くのよ。

> **まとめ**
>
> 　　　　　👤 自分　　　　　👥 他人
> 　　　　　　現金　　　　　　『資金源』

2「○○を現金で支払う」

①給料を現金で支払う
　　　　　　👤 自分　　　　　👥 他人
　　　　　給料　60　　　　現金　60

②飲み代を現金で支払う
　　　　　　👤 自分　　　　　👥 他人
　　　　　交際費　20　　　　現金　20

③支払手形の代金を現金で支払う
　　　　　　👤 自分　　　　　👥 他人
　　　　　支払手形　40　　　現金　40

「①給料」や「②飲み代」は今すぐ使われるから『費用』のカテゴリーよ。

　「③支払手形」は商品等を買ったときに使う手形で、「将来、現金を支払うことを約束した紙切れ」のことよ。この支払手形も実は

『資金源』の1つなの。

普通、『資金源』には借金や株主からもらう資本金があるわよね。一方、「現金の代わりに手形を渡すこと」も、そのおかげで当面は現金を支払わなくてすむじゃない？　その分、現金に余裕ができるから、これも『資金源』なのよ。

借金や資本金が直接的な『資金源』なのに対して、支払手形は間接的な『資金源』といったところかしら。

だから、今回の「支払手形の代金を現金で支払う」は『資金源』のマイナスになるからね。

ちなみに、支払手形の発生から完了までの流れは次のような感じよ。

	自分		他人	
商品を掛で買う	商品	40	買掛金	40
支払手形を振り出す	買掛金	40	支払手形	40
手形代金を支払う	支払手形	40	現金	40

※ 掛・手形については、P128の課外授業を参照。

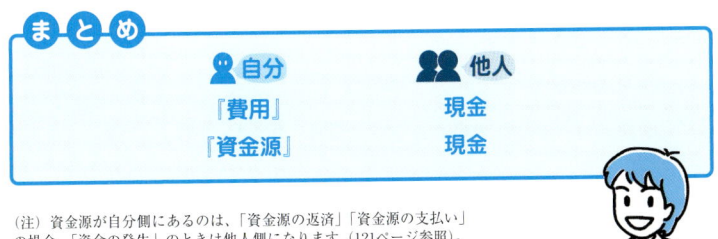

まとめ

自分	他人
『費用』	現金
『資金源』	現金

(注) 資金源が自分側にあるのは、「資金源の返済」「資金源の支払い」の場合。「資金の発生」のときは他人側になります（121ページ参照）。

物語のおわりに　〜教室にて2〜

3「○○を現金で買う」

①材料を現金で買う
　　　　　　　👤自分　　　　　　　👥他人
　　　　　　材料　　60　　　　　　現金　　60

②建物を現金で買う
　　　　　　　👤自分　　　　　　　👥他人
　　　　　　建物　1000　　　　　　現金　1000

③文房具を現金で買う
　　　　　　　👤自分　　　　　　　👥他人
　　　　　　文房具　40　　　　　　現金　　40

現金は他人に渡るから、必ず現金を右に書くのよ。

左には買ったモノの科目が入るの。

例に挙げた3つのうち、「①材料」と「②建物」は将来のため使うものだから『資産』のカテゴリー、「③文房具」は今すぐ使うものだから『費用』のカテゴリーよ。

まとめ

👤自分	👥他人
『資産』	現金
『費用』	現金

ただ、将来のために使う『資産』もずっとそのまま置いておくわけじゃなくて、いつかは『(今のために使う)費用』になるわけじゃない。

「①材料」も使った時点で『費用』のカテゴリーに、「②建物」も時間とともに使われていくから徐々に『費用』にするの。

将来のために使う『資産』を使った時点で『費用』に変えることを、会計用語で『費用化』と言うから覚えていてね。

	👤 自分		👥 他人	
材料を使って製品を作る	製品	50	材料	50
建物を使い始める	減価償却費	10	建物	10

※ 建物は何十年間かけて長期に使われるため、徐々にその価値を毎年減らしていきます。これを「減価償却」と呼びます。136ページの課外授業を参照。

	👤 自分	👥 他人
費用化	『費用』	『資産』

4「○○を現金で売る」

①商品を現金で売る

👤 自分　　　　　　　　　👥 他人
現金　　100　　　　　　商品　　　　80
　　　　　　　　　　　　商品販売益　20

②商品を現金で売る「三分法」

👤 自分　　　　　　　　　👥 他人
現金　　　100　　　　　売上　　100
売上原価　80　　　　　商品　　 80

③土地を現金で売る

👤 自分　　　　　　　　　👥 他人
現金　　500　　　　　　土地　　500

現金で売った場合、必ず自分たちに現金が入るから現金は左に書き込むの。

その反対、つまり右には、他人に渡すモノを書くのよ。

「②三分法」は商品を売った際のもう1つの仕訳方法よ（87ページ参照）。

1つ目のやり方では「商品販売益20」だったけど、三分法でも利益は

売上100－売上原価80＝利益20

と計算するから、利益金額は20で一致するわ。この三分法のほうが世間では一般的ね。

「③土地」みたいな『資産』を売って、現金を手にすることもできるのよ。

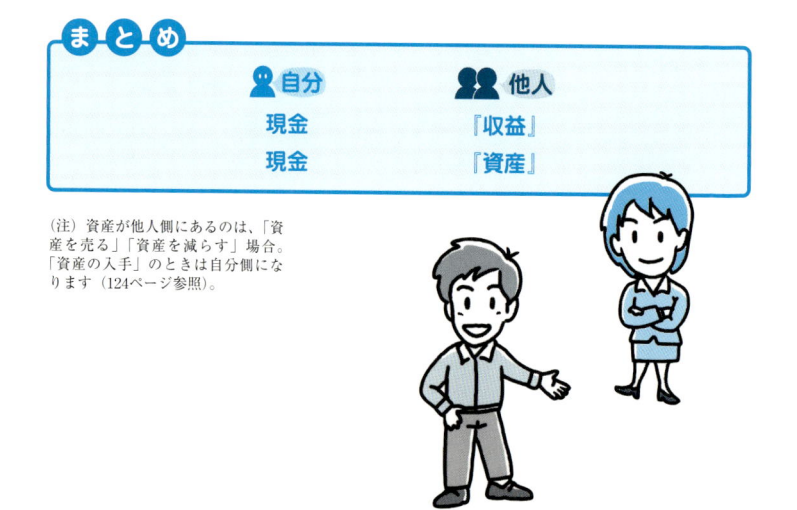

まとめ

自分	他人
現金	『収益』
現金	『資産』

（注）資産が他人側にあるのは、「資産を売る」「資産を減らす」場合。「資産の入手」のときは自分側になります（124ページ参照）。

まとめのまとめ

簿記・経理知識 ㊲

	😊 自分	👥 他人
1「〇〇で現金を手に入れる」	現金	『資金源』
2「〇〇を現金で支払う」	『費用』 『資金源』	現金 現金
3「〇〇を現金で買う」	『資産』 『費用』	現金 現金
4「〇〇を現金で売る」	現金 現金	『収益』 『資産』

「―――これからあんたが試験に受かって実務で会計に触れ始めたら、『仕訳の仕組みはすごい』と思える場面にたくさん出会えるはずよ」

「どういうことです？」

「文章でいくら読み込んでもわからない会計の話でも、仕訳をひと目見れば理解できるし、どんなにむずかしい連結処理でも税効果会計でも、仕訳を使って考えれば解決案が出るものなのよ」

「そういうものなんですか―――」

「そういうものなの！　まあいいわ。ちょっと時間はオーバーするけど、課外授業として簿記・経理の応用も教えてあげる。次からは実戦的に『貸方』『借方』のままでいくわよ」

課外授業 1 信用取引って？

　個人の売買取引と会社の売買取引で一番違うのは、その取引の量かしら。

　個人だったら1日に数回お買い物をする程度だけど、会社だったら毎日大量に仕入れて大量に売りさばくということをしているわ。

　その結果どういうことが起こるのかというと、個人がお買い物のたびに現金を払うっていう普通の行為が、会社だと取引が大量なんで、売買するごとに現金を払うことがとても面倒になってくるの。

　そこで考え出されたのが、ひと月分まとめて後で支払う**掛**という仕組みなの。

　この「掛」を使うと、請求するほうもひと月に1回でいいし、支払うほうもひと月に1回だから、手間が省けてお互いにメリットがある仕組みになっているのよ。

◉「掛」について

　「掛」は、まずどちらかの会社が期日を設定するの。

　「月末締め　翌月10日払い」とか「15日締め　当月末払い」とか。

　この「〜締め」というのは、掛のひと月分の期間の区切りのこと。「月末締め」なら1日〜末日、「15日締め」なら前月16日〜当月15日

の間の取引が、ひと月分の掛として集計されるの。

「〜払い」というのは、代金の支払い日のこと。「翌月10日払い」というのは、締めた月の次の月の10日に買った側が現金を支払う、「当月末払い」というのは、締めた月の月末に買った側が現金を支払うということよ。

ほとんどの会社が「掛」を使っていて、個人でも毎日通う馴染みの飲み屋とかがある人は「ツケ」という名の「掛」を使っているわよね。
「ツケ」も「掛」も同じことなのよ。

★「月末締め　翌月10日払い」で1月の掛なら
　1月31日締め　2月10日払い

買った側

	（借方）		（貸方）	
1月13日	材料	50	買掛金	50
1月26日	材料	100	買掛金	100
1月31日	仕訳なし（ただし別の場所で、掛の集計をする）			
2月10日	買掛金	150	現金	150

売った側

	（借方）		（貸方）	
1月13日	売掛金	50	売上	50
1月26日	売掛金	100	売上	100
1月31日	仕訳なし（ただし別の場所で、掛の集計をする）			
2月10日	現金	150	売掛金	150

● 「手形」について

「掛」の場合はたいてい翌月には現金を支払わなければならないんだけど、現金が用意できなくて払えない場合もあるじゃない。

そういうときは、とりあえず**手形**を渡すっていう方法もあるわね。

「月末締め　翌月10日手形払い」とか「15日締め　当月末手形払い」とか。

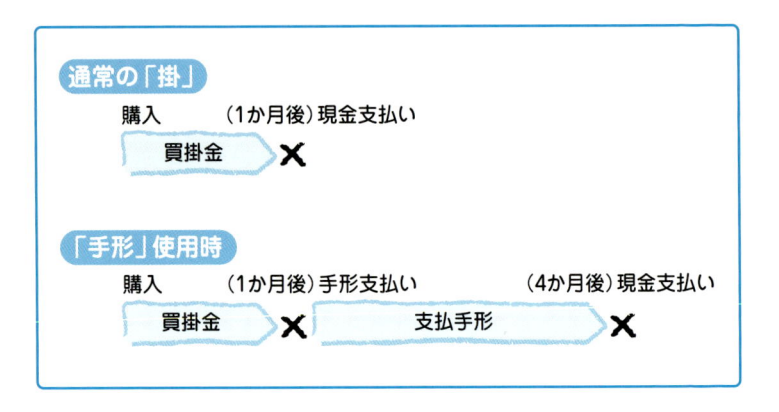

```
通常の「掛」
    購入　　　（1か月後）現金支払い
    ┌買掛金┐ ✕

「手形」使用時
    購入　　　（1か月後）手形支払い　　　（4か月後）現金支払い
    ┌買掛金┐ ✕ ┌──支払手形──┐ ✕
```

手形っていうのは、「○か月後に現金を支払います」と約束をした紙切れのことよ。

紙切れとは言っても手形法にもとづいた正式な有価証券で、これを銀行や商工ローン・貸金業者に持っていくと、支払期日前でも現金に換えてくれるのよ。

どうして、手形が銀行で現金に換えてもらえるのかわかる？

たとえば、あなたの会社が「3か月後に現金150万円支払います」と約束した手形を2月10日にA社からもらったとするわね。

3か月たてば、自動的にA社から150万円が手に入るの。

　でも従業員のお給料を支払うために、どうしても今すぐ現金がほしいっていう状況になったらどうする？

　そういうときは手形を銀行に持っていって、現金に換えてくるの。

　手数料10万円を差し引いた140万円が手に入るわ（これを専門用語で「手形を割り引く」という）。

　これであなたの会社は、従業員に給料を支払うことができるからハッピーになるわね。

　3か月後。銀行が手形の所有者だからA社から150万円が入ってきて、手数料10万円が儲けになるの(注)。だから銀行もハッピーになれるわけ。

(注)（A社からの）150万円 −（あなたに払った）140万円 =（儲け）10万円

仕訳にするとこんな感じよ。

あなたの会社	（借方）		（貸方）	
1月13日	売掛金	50	売上	50
1月26日	売掛金	100	売上	100
1月31日	仕訳なし（ただし別の場所で、掛の集計をする）			
2月10日	受取手形	150	売掛金	150
2月23日	現金	140	受取手形	150
	手形割引料	10		
2月25日	給料	140	現金	140

(注)　2月23日に手形を割引、2月25日が給料の支払日という場合。
(注)　手形を受け取った場合は「受取手形」勘定、手数料は「手形割引料」勘定を使う場合。

銀行	（借方）		（貸方）	
2月23日	手形	150	現金	140
			儲け	10
5月10日	現金	150	手形	150

(注) 銀行簿記の勘定科目は特殊なため、単純化して記載。

● 「信用」について

　これら「掛」や「手形」を使った取引は、代金の支払いを後延ばしにする制度だから、商品を売った側は『約束した相手がきちんと払ってくれる』かどうかドキドキなわけ。

　一定期間、お金を貸しているのと同じことだからね。

　つまり『約束した相手がきちんと払ってくれる』という相手への信用がないと成り立たない制度なの。

　だから、これらの取引のことを**信用取引**っていうのよ。

> 簿記・経理知識 38　信用取引とは、「掛」や「手形」を使って代金の支払いを後延ばしにする制度。

　クレジットカードにある「カード利用限度額」は「信用限度額」とも言われるんだけど、この場合の「信用」もカード会社が『あなたがきちんと払ってくれるだろう』と信用している金額なのよ。

(注) 株の世界でいう「信用取引」とは、お金や株式を証券会社から借りて株取引をすること。『相手を信用してお金を貸す』という意味では、会計でいう「信用取引」と同じ意味です。

課外授業 2 「引当て」という日本語

「引当て」っていう日本語知ってる？
普段はあんまり聞かないわよねぇ。
辞書で調べてみると、次のように書いてあるわ。

1. かた。抵当。
2. 将来の特定の支出または損失のために資金を用意すること。
3. こころあて。

（広辞苑より）

会計の世界では、「引当て」ってよく使う言葉なの。
「この債権の引当てはちゃんと積んでる？」とか「退職給付の引当てはもうすんでるよー」というふうに。

会計では辞書の2の意味、**「将来の特定の支出または損失のために資金を用意すること」**がよくあるからよ。

具体的には次のような考え方をするの。

- 100円の商品をA社に掛で売る
- A社が10%の確率で倒産するらしい
- 10%の確率で100円が入金されてこない
- 確率上、入金されない可能性がある資金がある

この「入金されない可能性がある資金」がいくらか計算すると、

100円×10％＝10円

で、10円になるわ。

この10円を引き当てる、つまり用意しておくっていうわけ。どうやって用意するかというと、まだ倒産していないのに『費用』に上げてしまうの。

商品を売る 　　　（借方）　　　　　　　　　（貸方）
　　　　　　　　『資産』売掛金　　100　　　『収益』売上　　100

引き当てる 　　　（借方）　　　　　　　　　（貸方）
　　　　　　『費用』貸倒引当金繰入額　10　　『△資産』貸倒引当金　10

（借方）の「貸倒引当金繰入額」っていうのが『費用』よ。

じゃあ、（貸方）の「貸倒引当金」は何かというと『資産』のマイナスなの。具体的には売掛金をマイナスさせるものだと思って。

売掛金100－貸倒引当金10＝90

これで売掛金は90円になったんだけど、この90円は、

100円×A社が倒産しない確率90％＝90円

というわけで確率上、売掛金を回収できる金額と一致するの。

会計の世界では売掛金100円の全部が回収できるとは考えずに、「貸倒引当金」を用意することで最初から回収額を低めに考えてる

というわけ。最初から全額回収できないと考えるなんて、奥ゆかしい行為とも言えるわねー。

> **簿記・経理知識㊴** 貸倒引当金とは、最初から全額回収できないと考えて、予測した回収不能分を事前に『資産』のマイナスにしておくこと。

その後、実際に倒産した場合、もしくは無事に回収できた場合はどうなるのかというと、次の仕訳を見てくれる？

倒産する 　　　　（借方）　　　　　　　　　（貸方）

『△資産』貸倒引当金	10	『資産』売掛金	100
『費用』貸倒損失	90		

無事に回収 　　　（借方）　　　　　　　　　（貸方）

『資産』現金	100	『資産』売掛金	100
『△資産』貸倒引当金	10	『収益』貸倒引当金戻入益	10

倒産した場合、事前に用意していなかった90円は新たに「貸倒損失」として『費用』が発生するわ。

無事に回収できた場合は、事前に用意していた10円は「貸倒引当金戻入益」として『収益』になるの。

事前に「貸倒引当金繰入額」として『費用』を出したから、無事回収の場合は最初に『費用』10、回収できたら『収益』10ということで、プラスマイナスは0になるのよ。

課外授業 ③ 減価償却費って？

有形固定資産って知ってる？

その名のとおり「形があって固定したモノ」だから、土地や建物・機械のことなんだけど、会計の世界では1年を超えて使うものなら車も備品も固定資産なの。

ただ、税法の関係で10万円未満のものなら固定資産にしなくてもよくて、そういうときは消耗品費とか事務用品費といった『費用』にする場合が多いわね。

というわけで、10万円以上の有形固定資産はたいてい『資産』になるんだけど、この有形固定資産には1つ大事な決まりごとがあるの。

> **簿記・経理知識 ㊵** 有形固定資産（ただし、土地を除く）は毎年消耗していく分だけ、『将来使うモノ』から『今使ったモノ』へと変換させなければならない。
> つまり、会計上の『資産』を減らして『費用』を出す必要がある。
> これを「減価償却」という。

どんなモノでも、消耗していって価値が減少していくからね。

買ったときのパソコンの値段と3年間使った後のパソコンの市場価値って違うでしょう。3年間使った分だけ汚れちゃうし、機種も古くなっちゃってるし。

　そういった価値の減少を、会計上でもちゃんと反映させるのが「減価償却」なの。

　仕訳にするとこんな感じよ。

	（借方）		（貸方）	
パソコン購入	『資産』備品	400	『資産』現金	400
パソコン購入1年後	『費用』減価償却費	90	『資産』備品	90
パソコン購入2年後	『費用』減価償却費	90	『資産』備品	90
パソコン購入3年後	『費用』減価償却費	90	『資産』備品	90

　パソコンを400で購入したとして、パソコン購入3年後の価値って、いくらかわかる？

『資産』備品　400－90－90－90＝130

　「130」が正解よ。

　どうして土地は減価償却をしないのかというと、土地は消耗していかないからね。10年後だろうが50年後だろうが消耗はしないでしょう。

でも、市場価値は下がるかもしれないじゃない。

有形固定資産で市場価値が大幅に下がった場合は、土地であろうが建物であろうが『資産』を減らして『費用』を出すのよ。

	（借方）		（貸方）	
建物購入	『資産』建物	1000	『資産』現金	1000
建物購入 1年後	『費用』減価償却費	30	『資産』建物	30
建物購入 2年後	『費用』減価償却費	30	『資産』建物	30
建物の価値 大幅下落	『費用』固定資産評価損	500	『資産』建物	500

1000で購入した建物の大幅下落後の価値

『資産』建物　1000－30－30－500＝440

　これは毎年一定金額の費用を出しつづける「減価償却」とは違って、**減損会計**と呼ぶものなの。

　この「減損会計」は、最近始まった話題の会計処理なのよ。

課外授業 ④ 負債と資本はどうして同じ『貸方』なの？

　会計の勉強で、初心者がどうしても理解しにくい箇所って、やっぱりあるのよねぇ。

　この授業を受けているあなたはどうかわからないけど、＜減価償却費の自己金融効果＞という話と＜負債と資本はどうして同じ『貸方』なのか＞という話は、頭ではわかるんだけど心からは納得していないという人がけっこう多いわねー。

　まあ、私も最初のころは混乱していたんだけどね……。

　＜減価償却費の自己金融効果＞はまた後で解説するとして、ここでは＜負債と資本はどうして同じ『貸方』なのか＞を解説するわね。

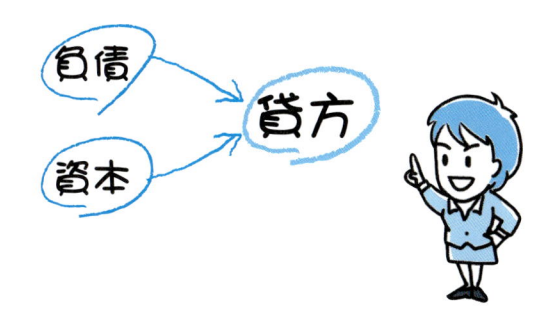

たしかに『負債』って悪いイメージがあるのに、『資本』は良いイメージがあるのよねぇ。『負債』はいずれ返さないといけないけど、『資本』は自分のものになるから、まったく逆のように感じるからかしら。

　そんな異なる２つが同じ『貸借対照表』の貸方で使われるもんだから、「『負債』と『資本』を一緒にしちゃっていいの？」という違和感を感じるんでしょうね。

　でもね、**どちらも資産を買うための資金源**であることには変わりないのよ。

　それに『負債』はお金を貸してくれた人に「利子を付けての返済」という形でお返しをしないといけないけど、『資本』も株主に何らかの形でお返しをしなければならないのは一緒よ。

　株主へのお返しの１つが配当金。利益が増えた影響で『資本』も膨らんだら、その膨らんだ『資本』のうちの一部を株主に分配するの。それが配当金。

　そして、株主へのお返しのもう１つが株価上昇。会社の業績を上げて、会社の市場価値である株価を上げれば、株主は自分の持っている株式の価値も上がることになるのよ。株主はその株式を高い値段で売れるから、いいお返しになるでしょう。

　つまり、『負債』は利子を付けての返済を期待してお金を貸してくれるんだけど、『資本』も配当金や株価上昇を期待してお金を出してくれているだけなんだから、どちらも根本的には大差はないの。

　どちらも資金源で、**どちらも「何かお返しをしなきゃいけないも**

の」だから、同じ『貸借対照表』の貸方で使われる、っていうことで納得してもらえたかな？

> 簿記・経理知識 ㊶ 『負債』『資本』がともに貸方の理由
> ① どちらも『資金源』。
> ② 『負債』は利子で、『資本』は配当金でお返しをしなければならない。

負債の場合

	（借方）		（貸方）	
借金をする	現金	100	借入金	100
利息を払う	支払利息	5	現金	5
返済する	借入金	100	現金	100

資本の場合

	（借方）		（貸方）	
増資をする	現金	100	資本金	100
配当を払う	配当金	10	現金	10

※借入金の場合は一度返済したら終わりですが、資本金の場合、配当は毎年払いつづけることになります。

課外授業 5 減価償却費の自己金融効果

　さっき少し話に出たけれど、"減価償却費の自己金融効果"っていったいどういうものなのか知ってる？
　簡単に言うと、"減価償却費には、社内でお金を生み出す効果がある"というものなんだけど……。
　普通は外部に商品を売るか、借金や増資をするしか、お金を手に入れる方法はないわ。
　でも自己金融効果は"内部金融"とも言われるくらい、社内でお金を生み出すことができるの。一見、不思議よねー。

　また銀行はね、お金を貸した会社の返済能力をチェックする際に「当期純利益＋減価償却費＝返済可能額」という算式を使うの。
　「当期純利益」は1年間で儲かった利益の総額だから、それを返済に回せることはまあ納得できる話よね。
　でも、なぜ「減価償却費」も返済能力のチェックに使うのかわかるかな？

　機械の購入を例にしてみるわね。

（借方）『資産』機械100　　（貸方）『資産』現金100
→利益 0
→現金△100

この仕訳では利益は発生していないけど、現金は100減少しちゃうわね。

　利益の減少と一緒に現金も減少するのが普通なんだけど、ここでは利益は減少しないのに現金は減少しちゃうから、ちょっとズレが生じちゃっているのよねぇ。

　この状態を仮に"自己金融がマイナス100"とするわね。

　算式で示すと次のとおりよ。

現金残高△100 − 利益0 ＝ 自己金融△100

　次に機械を購入した年の期末に、減価償却費が発生すると……

（借方）『費用』減価償却費20　（貸方）『資産』機械20
　→利益△20
　→現金0

　この仕訳では利益は20減少するけど、現金は減少していないじゃない？

　利益の減少と一緒に現金も減少するのが普通なんだけど、ここでは逆に利益は減少するのに現金は減少していない、っていうズレが生じちゃっているの。

　この状態を仮に"自己金融がプラス20"とするわね。

　算式で示すと次のとおりよ。

現金残高0 − 利益△20 ＝ 自己金融20

　つまり"自己金融効果"とは、利益

の減少と現金の減少のズレから生じる現象だったの。

　建物や機械などの固定資産を買った場合、買った年は自己金融効果がマイナスになるんだけど、次の年以降は自己金融効果がプラスに転じるのよ。

たとえば、機械100を買って5年後に除却する場合

買ったとき	自己金融	△100	機械の価値	100
1年目期末	自己金融	＋20	減価償却費	－20
2年目期末	自己金融	＋20	減価償却費	－20
3年目期末	自己金融	＋20	減価償却費	－20
4年目期末	自己金融	＋20	減価償却費	－20
5年目期末	自己金融	＋20	減価償却費	－20

　5年間の全体で見た場合、プラスマイナスは0になるわ。

　自己金融とは利益の減少と現金の減少のズレだから、ある年の自己金融効果がプラス20ということは、見た目の利益よりも実際に現金は20増えているということになるの。

例

（見た目の）利益	100
自己金融	＋20
実際の現金増加	＋120

自己金融を計算に入れないと実際の現金増加額がわからない、ってことなのよねぇ。

　だから銀行は返済能力を確かめる際に「当期純利益＋減価償却費＝返済可能額」という算式を使うっていうわけ。

> **簿記・経理知識㊷** "減価償却費の自己金融効果"とは、見た目の利益よりも実際に現金が増えている現象。

　現金の増減は別名「キャッシュフロー」って呼ぶの。

　そして現金の増減を表す「キャッシュフロー計算書」(注)も、まず最初に「当期純利益」に「減価償却費」を足すことで現金の増加額を表示しているのよ。

　経営分析で現金の増減を見るときも、簡便的に「当期純利益＋減価償却費＝現金の増減」という計算式を使用しているわ。

　「減価償却費」って、現金の動きを確かめるうえでは欠かせない勘定科目なのよ。

(注)「キャッシュフロー計算書」とは貸借対照表・損益計算書に続く第3の決算書で、「営業でいくら現金を手に入れた？」「投資にいくら使った？」といったお金の流れを見ることができます。

課外授業 G 萌さん、経理の未来を語る

　会社の経理の人が、実際にどんな仕事をしているか知ってる？

　経理の仕事には、大きく分けて①帳簿を扱う仕事と、②金庫を扱う仕事があるの。
　「①帳簿の仕事」は、簿記を使って決算書や税務申告書、予算などを作る仕事よ。
　一方、「②金庫の仕事」は、毎日動く現金を保管・管理したり、銀行からの借入・返済といったお金のやり繰りをしたりするの。

> **簿記・経理知識 43**
> ①帳簿の仕事‥‥決算書・税務申告書・予算（会計業務・計算業務）
> ②金庫の仕事‥‥資金繰り・現金管理（財務業務・出納業務）

　つまり、経理が予算計画やお金のやり繰りも考えるわけだから、経営計画に大きく関わることになるのよ。

　それじゃ、タイトルどおり経理の未来を語ろうと思うけど、今日は簿記とも関わってくる「①帳簿の仕事」について話すわね。まずは、「①帳簿の仕事」の流れを見てみましょうか。

> **簿記・経理知識 ㊹** 帳簿の仕事の流れは、
> 　　領収書（を集める）→　仕訳（を伝票に書く）→　元帳
> 　→　総勘定元帳　→　試算表　→　決算書　の順。

　今では、仕訳を会計ソフトに入力すれば、それ以降の元帳や試算表の作成はソフトが自動的にしてくれるわ。

　だから「①帳簿の仕事」のメインは、各部署から領収書を集めて、それを仕訳にしてソフトに入力していくことなの。

```
            領 収 書
                              平成16年10月1日
 ㈱萌実商事　様
    ￥20,000円
 但し、お食事代        レストラン柿本
```

という領収書があったとしたら、

（借方）	（貸方）
交際費 20,000	現金 20,000

と仕訳をソフトに入力すればいいのよ。

もちろん昔は元帳や試算表の作成なんかも全部手でやっていたんだから、今は随分と楽になったものよねぇ。

　そうはいっても、仕訳を1つひとつ手で入力するのも面倒くさいじゃない。だから、領収書を集めるだけで、あとは自動的に仕訳が入力されるようになったらいいと思わない？
　たとえば、領収書をスキャナーで読み込んだら、コンピュータの人工知能が「¥20,000」「お食事代」という単語を認識して、ソフトが自動的に「これは¥20,000の食事だ」と判断して、「交際費¥20,000」と仕訳をしてくれるとか。
　あるいは、領収書やレシートのすべてに情報チップが埋め込まれて、それをバーコードみたいにピッと認識することで「¥20,000の食事」という内容がソフトに取り込まれて仕訳をしてくれるとかね。

　でもね、いくら領収書の内容が「¥20,000の食事」だとわかっても、それが接待で使った＜交際費＞だとは限らないのよねぇ。
　食事が従業員の慰労会だったら＜福利厚生費＞かもしれないし、従業員の個人的な食事だったら＜給料＞扱いになるもんね。
　こればっかりは経理の人がその内容を領収書を提出した人に聞かなきゃならないし、判断が微妙な場合だったら、自分の簿記・経理の知識をフル回転させて考えなきゃね。
　だからいくら技術が進歩しても、人間抜きで経理業務が全部できちゃう日が来るのは、まだまだ先みたいねー。

おわりに
〜教室にて 3 〜

　すべてを語り終えた後、彼女は再び僕を見た。
「最後に 1 つだけいい？」
「はい」
　僕はうなずいた。
「会社の数字っていうのは、会社の人やそのお客さん、仕入先、金融機関といったさまざまな関係者とのやり取りから生まれるものなのよ。"利益　100万円"という無味乾燥な数字にもいろんな人の苦労や努力が刻み込まれているの」
「そうなんですか……」
「そういった数字の 1 つひとつに感動できる心がなきゃ、単に数字を扱うだけの機械人間だわ。人の心を持った会計人じゃないと、本物の経理、本当の監査なんてできないわよ。このことをよく覚えておいてね」
　嬉しそうに語る彼女を見ていて、もう会計士試験なんてやめるつもりだった僕の心に変化が起きていた。
「……ありがとうございました。僕、もう 1 年だけ受験勉強頑張ってみます！」
　そう、と彼女は微笑むと、手を振りながら教室を後にした。

僕は彼女の名前を聞かなかったことを後悔した。
　後で学校に問い合わせてみると、『そんなセミナーなんて存在しない』という返事しか返ってこなかった。
　あれこそ物語と同じ"夢の1日"だったのだろうか？
　と、そんなことを思いつつも僕は翌年、見事合格を果たした。

　そして僕は会計士補として監査法人に入所するのだが、それはまた別の話。
　ちなみに、そこの上司がまた若くてかわいい女性だった。
　あのセミナー講師と今の上司が同じ人ではないか、と気づいたのはしばらくたってからのことであった――。

あとがき

　このたびお送りした簿記の物語は、後に小説デビュー作となる『女子大生会計士の事件簿』の連載の1年前に書いた作品で、初めて書いた小説でした。

　書き始めた理由は、「昔の人が作った簿記の仕組みは感動できるくらいよくできているので、これをなんとか他の人に伝える方法はないか」というものでした。当初、実用書っぽく書いていたのですが、「初心者にとって簿記の話が続くと苦痛だろうな」と思い、ストーリー性を加えて今のものになりました。

　出来上がったときは自分としても自信作だったので、ぜひ出版しようと多くの出版社にこの原稿を送ったのですが、当時はどこからも見向きもされませんでした。

　それが多くの人の協力を得て、今こうして世に送ることができて本当に嬉しいです。

　物語のタイトルは『たまごの国の物語』といいます。簿記はやはり暗くて地味なイメージがあるので、これを少しでも変えるためにドキドキワクワクするような明るい話にしようと思いました。

　作品の舞台が中世ヨーロッパのルネッサンス期なのは、複式簿記が発生した時代だからですが、ルネッサンス文化が花開いた華やかな時代性もちょうど希望と合っていました。個人的にはゲームの『ドラゴンクエスト』みたいなほのぼのした絵柄をイメージしながら書いていました。

もしかしたら「あとがき」から読み始める方がいらっしゃるかもしれませんので、ここでは（ネタバレを防ぐため）具体名は挙げないのですが、主人公の2人は史実上も親しい友人同士でした。この2人が実は少年時代から出会っていて、他の著名人たちと遭遇していたらどんな出来事が起きていただろうか、と楽しい空想を巡らせながら書きました。
　日本でいうとこの時代は室町時代後期なので、一休さんあたりと遭遇させても面白いでしょうね。レオンくんと一休さんで、とんち勝負でもするかもしれません。
　実はこの『たまごの国の物語』の続編も書いていたのですが、途中で『女子大生会計士の事件簿』の連載が始まったためストップしています。ご希望が多いようでしたら、いずれ続編の執筆を再開させようと思っております。

　さて話を会計に戻しますが、セリ市場で仲買人たちは、彼らにしかわからない手信号という言語を使ってやり取りをしています。同様に会計の現場では、どんなに簡単なことでも、またどんなにむずかしいことでも仕訳という言語を使ってやり取りしています。
　複雑な会計処理がさっぱりわからないときも、落ち着いて仕訳を1つひとつ書いていけば、内容が見えてくるようになります。
　外国語がしゃべれなくても、仕訳が書ければ海外の会計人と会計の話はできます。
　このように、仕訳は会計人にとって欠かせない便利で大切な言語なのです。
　ただ、その仕訳は理解するまでが大変なため、会計を勉強しよう

としている人の障壁になっていることも事実です。

　その「仕訳の障壁」を何とかすることが、私の悲願であり、この本の目的でした。

　私が実用書を書くうえで目標にしていることは、会計を世に広めることではなく、「会計を学ぼうとしている人が挫折しないですむこと」です。

　本書が、この目標に向けての小さな一歩になればと思っております。

　最後までお読みいただき、誠にありがとうございました。

2004年9月

山田真哉

参考文献　『会計発達史』A.C.リトルトン著　片野一郎訳（同文舘出版）
　　　　　『会計史研究』濱田弘作著（多賀出版）
　　　　　『新勘定科目全書』蔦村剛雄・山上一夫編著（中央経済社）

一目でわかるエッセンス44

本書のエッセンスを44にまとめました。これだけ見れば簿記・経理のイロハがわかるようになっています。重要度は星の数で表示しています。

▶ 27ページ

簿記・経理知識 ① ★★★ 会社は出資者がお金を出すことから始まる。

▶ 29ページ

簿記・経理知識 ② ★★★ 会社を作るとき、お金を貸してもらうこともある。

▶ 35ページ

簿記・経理知識 ③ ★★★ "帳簿"とは、商売用のノートのこと。

▶ 35ページ

簿記・経理知識 ④ ★★★ "帳簿"には、《借りた人》《貸した人》の両方を書く。

▶ 37ページ

簿記・経理知識 ⑤ ★★★ 《借りた人》も《貸した人》も、実際のモノの名前を書く。

▶ 37ページ

簿記・経理知識 ⑥ ★★★ 出資してくれたお金は『資本金』、借りたお金は『借入金』。

> 38ページ

簿記・経理知識 ⑦ ★★★
簿記の情報入力のことをジャーナル・エントリー＝『仕訳』と呼ぶ。

> 40ページ

簿記・経理知識 ⑧ ★★★
取引が行なわれるたびに「仕訳」を帳簿に書く。

> 42ページ

簿記・経理知識 ⑨ ★★★
商品を仕入れると 👤自分 側に商品が来て、👥他人 側に現金が渡る。

> 42ページ

簿記・経理知識 ⑩ ★★★
簿記の世界では、すべて金額だけで表示する。

> 50ページ

簿記・経理知識 ⑪ ★★★
商売というのは、「売った商品の価値」と「お客さんからもらうお金」が同じでなければならない。等価交換の原則。

> 51ページ

簿記・経理知識 ⑫ ★★★
売った商品ともらった現金との差が、『利益』（商売販売益）となる。

> 56ページ

簿記・経理知識 ⑬ ★★★
『試算表』の 👤自分 を見れば、自分たちの財産がわかる。
『試算表』の 👥他人 を見れば、自分たちの財産がどこから出てきたのかがわかる。

一目でわかるエッセンス44

▶ 56ページ

簿記・経理知識⑭ ★★★
👤自分 と 👥他人 の合計金額は必ず一致する（貸借一致の原則）。

▶ 60ページ

簿記・経理知識⑮ ★☆☆
商品についての詳しい情報は『商品有高帳』という別の帳簿に書いておく。

▶ 61ページ

簿記・経理知識⑯ ★☆☆
👤自分 と 👥他人 それぞれの合計額が一致していなければ、それは仕訳か計算が間違っている（『貸借一致の原則』より）。

▶ 68ページ

簿記・経理知識⑰ ★★☆
『元帳』とは科目別にこれまでの取引を集計した帳簿のこと。

▶ 70ページ

簿記・経理知識⑱ ★☆☆
『元帳』を見れば、科目ごとの残高の動きや取引の理由を知ることができる。

▶ 76ページ

簿記・経理知識⑲ ★★☆
すべての科目の『元帳』を集めた帳簿のことを『総勘定元帳』という。

▶ 78ページ

簿記・経理知識⑳ ★★☆
簿記の流れは、取引の発生→『仕訳帳』→『総勘定元帳』→『試算表』の順。

▶ 85ページ

簿記・経理知識 ㉑ ★★★
『費用』——自分の"努力"
『収益』——他人への"成果"

▶ 86ページ

簿記・経理知識 ㉒ ★★★
『収益』－『費用』＝『利益』

▶ 87ページ

簿記・経理知識 ㉓ ★★★
『費用』は自分たちが出す出費だから 👤自分 。
『収益』は他人と取引することで初めて生まれるものだから 👥他人 。

▶ 88ページ

簿記・経理知識 ㉔ ★★★
現金がプラスになるから反対科目の『収益』は 👥他人 。

▶ 100ページ

簿記・経理知識 ㉕ ★★★
会社は最低年に1回、『決算』を行ない『損益計算書』と『貸借対照表』を作る。

▶ 101ページ

簿記・経理知識 ㉖ ★★★
会社の財産は『資産』。

▶ 102ページ

簿記・経理知識 ㉗ ★★★
👤自分 のうち＜将来のため＞なら『資産』。
👤自分 のうち＜今のため＞なら『費用』。

▶ 103ページ

簿記・経理知識 ㉘ ★★★
同じ『資金源』でも、
他人から借りていたら『負債』。
他人からもらっていたら『資本』。

一目でわかるエッセンス44

> 103ページ

簿記・経理知識 ㉙ ★★☆

試算表は 👤自分 の『資産』『費用』、👥他人 の『資金源』『収益』という4つのグループからできている。すべての勘定科目はこの4つのグループのどれかに分類される。

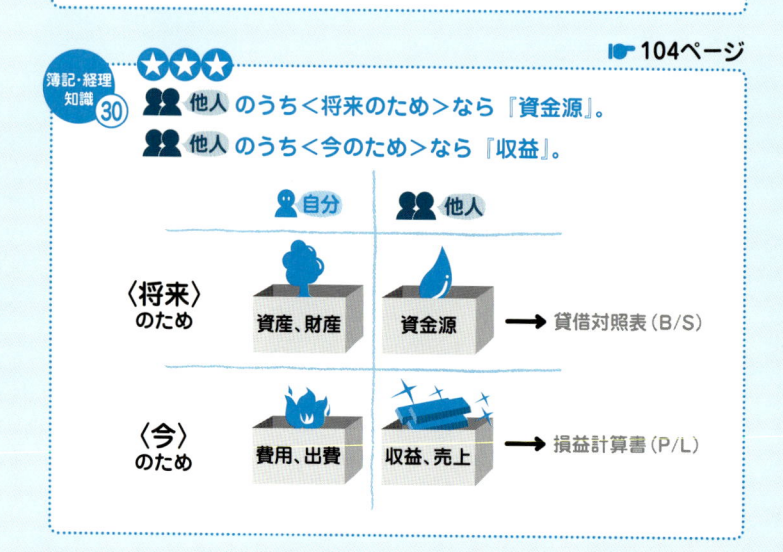

> 104ページ

簿記・経理知識 ㉚ ★★★

👥他人 のうち＜将来のため＞なら『資金源』。

👥他人 のうち＜今のため＞なら『収益』。

	👤自分	👥他人	
〈将来〉のため	資産、財産	資金源	→ 貸借対照表（B/S）
〈今〉のため	費用、出費	収益、売上	→ 損益計算書（P/L）

> 104ページ

簿記・経理知識 ㉛ ★☆☆

『資産』『費用』は現金がマイナスになるから 👤自分。

『資金源』『収益』は現金がプラスになるから 👥他人。

ただし、『資産』のうち現金だけは逆の動きをする（プラスのとき 👤自分、マイナスのとき 👥他人 ）。

> 106ページ

簿記・経理知識 ㉜ ★★☆

『損益計算書』は＜今のため＞に支払ったりもらったりする『費用』と『収益』から作られる。

これにより会社の経営成績がわかる。

『費用』と『収益』の差額は"当期純利益"という。

▶ 107ページ

簿記・経理知識 ㉝ ★★☆

『貸借対照表』は＜将来のため＞に支払ったりもらったりする『資産』と『資金源』から作られる。

これにより会社の財政状態がわかる。

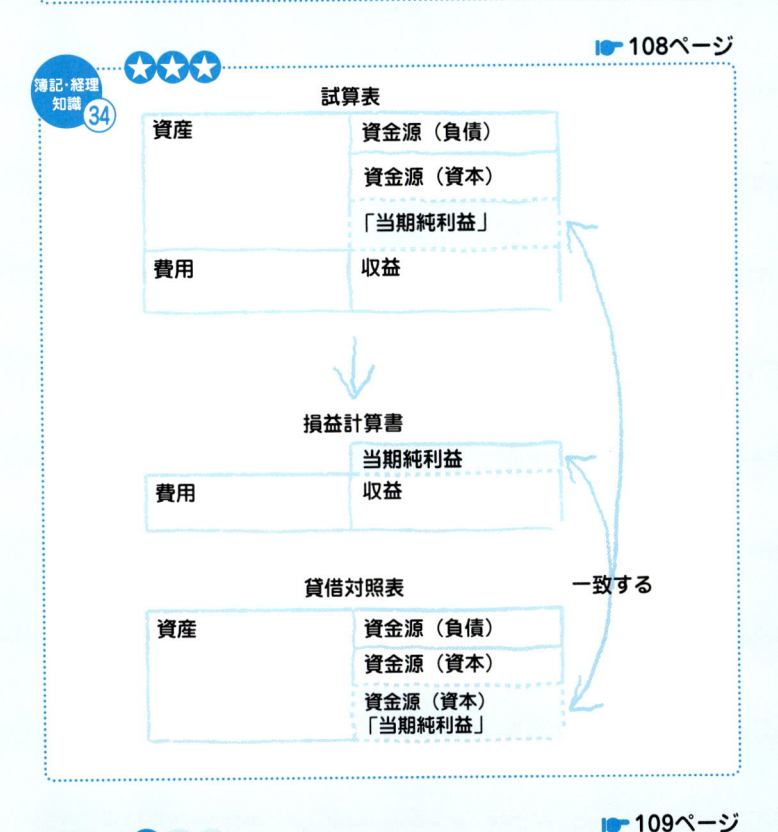

▶ 108ページ

簿記・経理知識 ㉞ ★★★

試算表

資産	資金源（負債）
	資金源（資本）
	「当期純利益」
費用	収益

↓

損益計算書

| | 当期純利益 |
| 費用 | 収益 |

貸借対照表

資産	資金源（負債）
	資金源（資本）
	資金源（資本）「当期純利益」

一致する

▶ 109ページ

簿記・経理知識 ㉟ ★☆☆

配当金とは、資本金を出してくれた人に対して儲かったお金を山分けすること。

会計上は『利益』から支払われる。

一目でわかるエッセンス44 159

簿記・経理知識 ㊱ ★★☆ ▶ 120ページ

	自分	他人
結果 / 原因	資産、財産	資金源
原因 / 結果	費用、出費	収益、売上

簿記・経理知識 ㊲ ★★★ ▶ 127ページ

	自分	他人
1「○○で現金を手に入れる」	現金	『資金源』
2「○○を現金で支払う」	『費用』 『資金源』	現金 現金
3「○○を現金で買う」	『資産』 『費用』	現金 現金
4「○○を現金で売る」	現金 現金	『収益』 『資産』

簿記・経理知識 ㊳ ★★☆ ▶ 132ページ

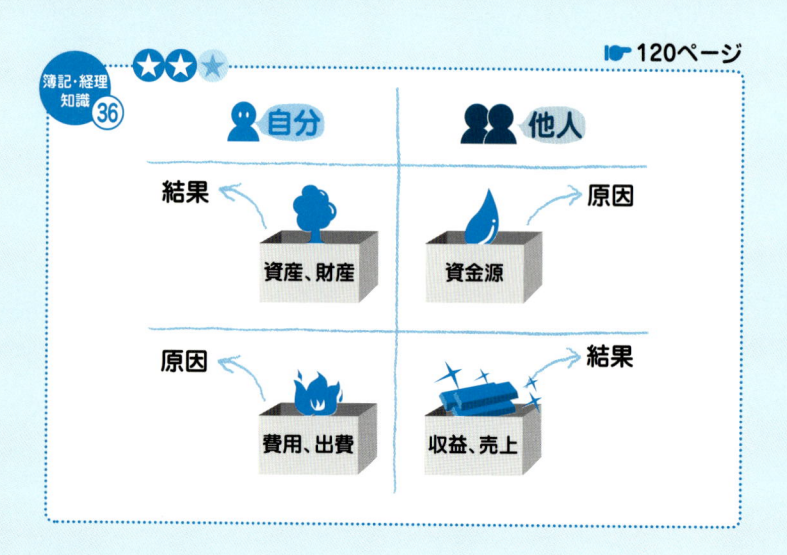

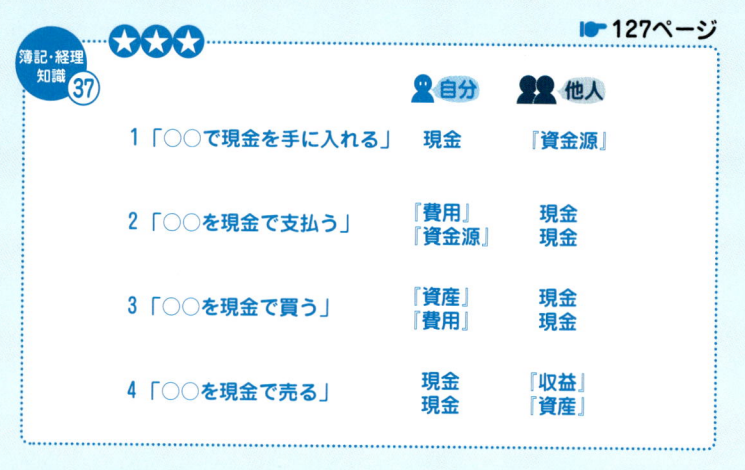

信用取引とは、「掛」や「手形」を使って代金の支払いを後延ばしにする制度。

▶ 135ページ

簿記・経理知識 ㊴ ★★☆

貸倒引当金とは、最初から全額回収できないと考えて、予測した回収不能分を事前に『資産』のマイナスにしておくこと。

▶ 136ページ

簿記・経理知識 ㊵ ★★☆

有形固定資産（ただし、土地を除く）は毎年消耗していく分だけ、『将来使うモノ』から『今使ったモノ』へと変換させなければならない。

つまり、会計上の『資産』を減らして『費用』を出す必要がある。

これを「減価償却」という。

▶ 141ページ

簿記・経理知識 ㊶ ★☆☆

『負債』『資本』がともに貸方の理由

① どちらも『資金源』。

② 『負債』は利子で、『資本』は配当金でお返しをしなければならない。

▶ 145ページ

簿記・経理知識 ㊷ ★☆☆

"減価償却費の自己金融効果"とは、見た目の利益よりも実際に現金が増えている現象。

▶ 146ページ

簿記・経理知識 ㊸ ★☆☆

①帳簿の仕事‥‥決算書・税務申告書・予算（会計業務・計算業務）

②金庫の仕事‥‥資金繰り・現金管理（財務業務・出納業務）

▶ 147ページ

簿記・経理知識 ㊹ ★☆☆

帳簿の仕事の流れは、
　領収書（を集める）→　仕訳（を伝票に書く）→　元帳　→　総勘定元帳　→　試算表　→　決算書　の順。

巻末資料「見開き！ 科目一覧」

> 勘定科目は全部で500以上もあるけど、その中でよく使うもの、代表的なものをここで紹介するわ。

（借方）　『資産』

流動資産	現金預金	現金や銀行預金のこと。
	売上債権　受取手形	受け取った手形。後日現金を受け取ることができる。
	売上債権　売掛金	販売した商品の代金を後日もらえるお金。
	有価証券	（売買目的の）株など。
	棚卸資産　商品	外部から購入して販売するモノ。
	棚卸資産　製品	自社で製造したモノ。
	棚卸資産　原材料	製造するために使われる物品。
	棚卸資産　仕掛品	途中まで作っている製品。
	棚卸資産　貯蔵品	消耗工具、包装材料、事務用品などでまだ使われていないモノ。
	前渡金	前払いしたお金。
	前払費用	契約上今後サービスを受けられることが確実で、前もって支払った代金。
	未収収益	すでに会社が仕事をしており、契約上今後お金が入ってくることが確実なもの。
	未収入金	近い将来にもらえることが決まっているお金。
	仮払金	相手科目がまだちゃんと決まっていないのに支払ったお金。

固定資産	有形固定資産　建物	事務所・店舗・工場など。
	有形固定資産　機械装置	機械や装置。
	有形固定資産　車両運搬具	車・トラックなど。
	有形固定資産　工具器具備品	1年以上使う工具や備品など。
	有形固定資産　土地	会社が所有するすべての土地。
	無形固定資産　営業権	企業の無形の経済的価値。買った場合にのみ発生。のれん。
	無形固定資産　特許権	特許を得るために使ったお金。
	無形固定資産　ソフトウェア	業務用ソフトやビジネスソフトなど。
	投資その他の資産　投資有価証券	（売買目的ではない）株など。
	投資その他の資産　子会社株式	子会社の株。
	投資その他の資産　出資金	有限会社や組合などに払った拠出金。
	投資その他の資産　長期貸付金	1年後以降に返済される予定の貸したお金。
	投資その他の資産　長期前払費用	契約上1年後以降も受けられるサービスに対して、前もって支払った代金。

巻末資料「見開き！ 科目一覧」

（貸方）　『資金源』

流動負債	仕入債権	支払手形	「受取手形」とは逆にこちらが渡した手形。後日現金で支払わなければならない。
		買掛金	購入した商品の代金を後日支払わなければならないお金。
	短期借入金		1年以内に返済しないといけない借入金。
	未払金		まだ支払っていないお金。
	未払費用		すでにサービスは受けているが、後で支払うことになっているお金。
	前受金		前もって受け取ったお金。
	預り金		従業員や取引先から一時的に預かったお金。
	前受収益		まだ当社が仕事をしていないが、契約上すでに入ってきたお金。
	貸倒引当金		将来発生する回収不能金額を予測して、準備しておく蓄え。(注)

（注）決算書上は「資産のマイナス」として表示される。133ページの課外授業2参照。

固定負債	社債	投資家からの借入金。
	長期借入金	返済が1年以上先の借入金。
	退職給付引当金	いま働いている従業員の退職金を事前に準備しているもの。

資本	資本金	会社の出資者（株主）が支払った、会社の基礎となる資金源。
	資本準備金	株主からの資金調達で、資本金以外の資金源。
	任意積立金	発生した利益のうち、積み立てておくことにした蓄え。

巻末資料「見開き！ 科目一覧」

（借方）　『費用』

売上原価	売上原価	モノの元の値段。
	材料費	製造するための原材料。
	労務費	工場で働く従業員への賃金。
	経費	材料費・労務費以外で製造に関わる費用。
販売費及び一般管理費	販売手数料	販売のために支払う代理店への手数料・仲介料など。
	運賃	商品を送るための運送費・宅配便代。
	広告宣伝費	広告のための費用。
	役員報酬	取締役・監査役に支払う給料・手当。
	給与	従業員に支払う給料・手当。
	福利厚生費	社員旅行など社員の福祉のために使う費用。
	旅費交通費	仕事で使うタクシー代・電車代など。
	消耗品費	1回または短期間だけ使用するモノ。
	租税公課	印紙税・延滞税などの税金。
	通信費	電話代・はがき代など。
	水道光熱費	水道代・ガス代・電気代など。
	支払手数料	弁護士・税理士などに支払う報酬。
	新聞図書費	新聞代・書籍代など。
	寄付金	無償で贈ったお金やモノ。
	交際費	接待や贈り物でかかった費用。
	減価償却費	有形固定資産の価値を減らしたときに出る減少分。136ページの課外授業3参照。
	修繕費	建物や機械を直したり、維持したりするための費用。
	賃借料	建物や機械などを借りる費用。
	貸倒損失	債権で回収不能になった損失額。
	貸倒引当金繰入額	貸倒引当金にした金額。133ページの課外授業2参照。
	雑費	販売費および一般管理費のうち他に当てはまらないもの。
営業外費用	支払利息	借入金の利息。
	有価証券売却損	株などを売ったときに出た損失。
	有価証券評価損	株などが値下がりしたときの損失。
	為替差損	為替相場の変動による損失。
	雑損失	営業外費用のうち他に当てはまらないもの。
特別損失	固定資産売却損	土地・建物・機械などを売ったときに出た損失。
	固定資産除却損	建物・機械などを捨てたときに出た損失。
	災害損失	災害で建物などが被害を受けた際の損失。
税法人等	法人税や住民税など。	

巻末資料「見開き！ 科目一覧」

（貸方）　『収益』

売上高	売上	会社の本業での売上げ。
営業外収益	受取利息 受取配当金 有価証券売却益 受取賃貸料 為替差益 雑収入	預金や貸付金の利息。 株などの配当金。 株などを売ったときに出た利益。 建物などを貸している場合に入ってくる家賃。 為替相場の変動による利益。 営業外利益のうち他に当てはまらないもの。
特別利益	固定資産売却益 投資有価証券売却益 償却債権取立益 保険差益 受贈益 債務免除益	土地・建物・機械などを売ったときに出た利益。 株などを売ったときに出る利益。 過去に貸倒損失を出した後に債権回収できた金額。 災害で建物などが被害を受けたとき、もらった保険金のほうが多かった場合の金額。 資産をもらったときの金額。 債務を帳消しにしてもらったときの金額。
当期純利益	当期の最終利益。	

※科目の意味については、少しでもわかりやすくなるように端的に記載しました。よって会計学上の正式な語彙ではありません。

INDEX

か

- 会計 ……………………………………16
- 掛 ………………………………………128
- 貸方 ………………………………37,118
- 貸倒損失 ………………………………135
- 貸倒引当金 ……………………………135
- 貸倒引当金戻入益 ……………………135
- 借入金 …………………………………37
- 借入金元帳 ……………………………75
- 借方 ………………………………37,118
- 勘定科目 ………………………………17
- キャシュフロー ………………………145
- キャッシュフロー計算書 ……………145
- 経理 ……………………………………16
- 決算 ……………………………………100
- 決算書 …………………………………16
- 減価償却 ………………………………136
- 減価償却費の自己金融効果 …………142
- 現金元帳 ……………………………70,74
- 減損会計 ………………………………138

さ

- 三分法 ……………………………87,126
- 資産 ……………………………………101
- 試算表 …………………………………55,100
- 資本 ………………………………102,140
- 資本金 …………………………………37
- 資本金元帳 ……………………………75
- 収益 ……………………………………85
- 商品有高帳 ……………………………60
- 商品勘定分記法 ………………………87
- 商品販売益 …………………………51,86
- 商品販売益元帳 ………………………75
- 商品元帳 ………………………………74
- 仕訳 ……………………………………17, 38
- 信用 ……………………………………132
- 信用取引 ………………………………132
- 接待費 …………………………………88

た

- 総勘定元帳 …………………………75,101
- 損益計算書 ………………100,105,107,119
- 貸借一致の原則 ……………………56,61
- 貸借対照表 ………………100,107,119
- 単式簿記 ………………………………33
- 帳簿 ……………………………………34
- ツケ ……………………………………129
- 手形 ……………………………………130
- 手形を割り引く ………………………131
- 摘要 ……………………………………70
- 等価交換の原則 ………………………50
- 当期純利益 ……………………………105
- 投資 ……………………………………27
- 取引 ………………………………17,34

な

- 内部金融 ………………………………142

は

- 配当金 ……………………27,109,140
- 引当て …………………………………133
- 費用 ……………………………………85,101
- 費用化 …………………………………125
- 複式簿記 ……………………………29,34
- 負債 ………………………………102,140
- 簿記 ……………………………………17

ま

- 元帳 ……………………………………68

や

- 有形固定資産 …………………………136

ら

- 利益 …………………………………51,86

山田真哉（やまだ　しんや）

公認会計士。一般企業に就職後、中央青山監査法人／プライスウォーターハウスクーパースを経て、現在、会計事務所を中心とした起業家支援組織、インブルームLLC代表。
元・日本公認会計士協会会計士補会・会報委員長。
著書に、『女子大生会計士の事件簿　世界一やさしい会計の本です』（日本実業出版社）、『女子大生会計士の事件簿1〜4』（英治出版）、『女子大生会計士の事件簿DX.1ベンチャーの王子様』（角川書店）、『女子大生会計士の事件簿公認会計士萌ちゃん1〜3』（集英社ヤングジャンプコミックス）、『さおだけ屋はなぜ潰れないのか？』（光文社）などがある。

『女子大生会計士の事件簿』シリーズが10倍おもしろくなる著者ホームページは以下のとおり。
http://www.cam.hi-ho.ne.jp/shinya-yamada

〈女子大生会計士の事件簿〉
世界一感動する会計の本です【簿記・経理入門】

2004年10月 1 日　初 版 発 行
2005年 6 月20日　第 8 刷発行

著　者　山田真哉　©S.Yamada 2004
発行者　上林健一

発行所　株式会社 日本実業出版社　東京都文京区本郷 3 − 2 − 12　〒113-0033
　　　　　　　　　　　　　　　　　大阪市北区西天満 6 − 8 − 1 　〒530-0047
　　　　編集部　☎03−3814−5651
　　　　営業部　☎03−3814−5161　　振　替　00170−1−25349
　　　　　　　　　　　　　　　　　　http://www.njg.co.jp/

印 刷／壮 光 舎　　製 本／若林製本

この本の内容についてのお問合せは、書面かFAX（03-3818-2723）にてお願い致します。
落丁・乱丁本は、送料小社負担にて、お取り替え致します。

ISBN 4-534-03809-7　Printed in JAPAN

下記の価格は消費税（5%）を含む金額です。

女子大生会計士の事件簿
世界一やさしい会計の本です
山田　真哉　　　　　定価 1365円（税込）

人気ミステリー『女子大生会計士の事件簿』と、会計のしくみを4つの箱になぞらえる解説で決算書のイロハがスイスイ頭に入る！　一度挫折してしまった人、初めて学ぶ人に贈る究極の一冊！

「会計戦略」の発想法
木村　剛　　　　　定価 1785円（税込）

ゴーン日産「1兆円利益改善」の秘密、りそなショックと監査法人の使命、三菱商事の「ビジネスユニット」制等、会計の視点から企業経営のニッポンスタンダードを探る画期的な本！

会計がわかる事典
監査法人トーマツ　　　　定価 1575円（税込）

新会計制度から簿記の基本まで、2ページ見開き1項目でどこからでも読める事典。税効果会計、退職給付会計、連結財務諸表、減損会計、流動化の会計…最新会計トピックに完全対応！

最新
経理がわかる事典
陣川　公平　　　　　定価 1470円（税込）

好評のロング＆ベストセラーを新会計基準や連結納税など新テーマを盛り込んで全面改訂。経理のイロハから最新の会計手法、税務情報まで、経理マンに必須の知識を1頁1項目にまとめた読む事典。

入門ビジュアル・アカウンティング
やさしくわかるキャッシュフロー
野村智夫・竹俣耕一　　　定価 1680円（税込）

ビジネスの新常識ともいえる「キャッシュフロー」は利益とどう違うのか、キャッシュフロー計算書とはどんなものでどう分析するのか、資金繰りとの関係は、など2頁1項目でビジュアル解説。

図解でわかる
管理会計の活用と実際
植松　隆多　　　　　定価 2310円（税込）

ホンモノの管理会計は単なる経営分析ではない。管理会計を活用して、ヒト・モノ・カネ・情報を有機的に結びつけ、会社が稼げる隠れたポイントを見つけ出す実践的手法を業態別に徹底アドバイス。

定価変更の場合はご了承ください。